KORNNATTERN

Willkommen in der Welt der Kornnatter *Elaphe guttata,* die man wohl als die erste Schlange bezeichnen könnte, die beinahe schon zu einem Haustier geworden ist. Noch vor 50 Jahren sah die Situation völlig anders aus. Es war schwierig, überhaupt irgendwelche Informationen über die Lebensgewohnheiten eine Schlange zu finden, welche in nicht weniger als rund zwei Dritteln der Vereinigten Staaten von Amerika vorkommt und dort eine der häufigsten und oftmals auffälligsten ist. Kräftig rot-orange Exemplare aus Florida und South Carolina waren zu jener Zeit beliebte Schaustücke in Raststätten und an Tankstellen, während erst die wenigsten Zoologischen Gärten über Reptilienanlagen verfügten, die eine länger währende Haltung von Schlangen ermöglicht hätten. Mehr oder weniger roh zusammengezimmerte Holzterrarien dienten seinerzeit auch so manch einem Biologiestudenten zur vorübergehenden Unterbringung einiger Kornnattern, bevor auch diese schließlich in einem Spritglas einer Institutssammlung endeten. Hin und wieder stöberte ein für ein Museum oder eine Universität tätiger Sammler ein Gelege auf, zählte die Eier und veröffentlichte diese Daten als kleinen Nebensatz in irgendeiner Publikation. Die weitaus meisten Beobachtungen zu jener Zeit waren reine Zufallsergebnisse.

Ende der fünfziger Jahre wurde die Kornnatter dann von der Terraristik entdeckt, die sich zu diesem Zeitpunkt anschickte, endlich aus ihren Kinderschuhen zu schlüpfen. Zunächst waren es jedoch eher Laboreinrichtungen, die u.a. zum Zwecke von Studien über die Vererbung bei anderen Wirbeltieren als Mäusen und Hamstern nach geeigneten Versuchsobjekten suchten. Die Kornnatter bot sich insofern für diesen Forschungszweig an, als bei ihr Albinismus natürlich vorkommt. Bis in die Mitte der siebziger Jahre hatte sich die genügsame und willig fortpflanzende Kornnatter somit einen festen Platz in der wissenschaftlichen Literatur erobert. Gleichzeitig machten in diesem Zeitraum auch die wenigen privaten Terrarianer die Erfahrung, daß es sich hierbei um ein ausdauerndes, mit

Obwohl *Elaphe guttata* eine der in den Vereinigten Staaten am weitesten verbreiteten Schlangen ist, war vor fünfzig Jahren nur wenig über sie bekannt. Abgebildet ist die strittige Form von den "Lower Keys", *Elaphe guttata rosacea.*

R. D. BARTLETT.

den zur Verfügung stehenden technischen Mitteln gut zu pflegendes und sogar zu vermehrendes Terrarientier handelte, das auch noch sehr ansprechend aussah. Daß es allerdings, insbesondere in den USA, einmal zu einem massenweise vermehrten, beinahe domestizierten Tier für jedermann werden würde, konnten auch sie nicht voraussehen.

1988 schätzte man, daß einige Zuchtstämme von Kornnattern bereits seit mehr als zehn Generationen im Terrarium lebten. Während der letzten zwanzig Jahre ist der Beliebtheitsgrad von Kornnattern langsam, aber stetig gewachsen, und speziell in den USA gibt es heute kaum noch ein Zoogeschäft, wo nicht auch die eine oder andere Zuchtform dieser Schlange angeboten wird. Sie unterscheidet sich damit keineswegs mehr von Hamstern, Farbmäusen, Wellensittichen oder bestimmten Aquarienfischen, die man gemeinhin als Haustiere anerkannt hat. Die Kornnatter teilt mit diesen den Umstand, daß schon ihre Eltern Haustiere waren und sich niemals in der freien Natur behaupten mußten, daß sie in Zuchtformen existiert, die in der Natur nicht vorkommen und daß sie völlig davon abhängig ist, daß ihren Lebensansprüchen in ihrem künstlichen Lebensraum Genüge getan wird.

Inwiefern kann man das nun mit dem klassischen Haustier des Menschen, dem Hund, vergleichen? Wie jeder weiß, sind die vielen, sorgfältig nach bestimmten Merkmalen kategorisierten Hunderassen allesamt Abkömmlinge von nur einem Vorfahren, nämlich *Canis lupus*, dem Wolf. Ihre Zucht diente dem Menschen als Hilfe zur Erfüllung bestimmter Aufgaben, wobei man hauptsächlich zwischen Spür-, Jagd-, Hirten- und Schutzhunden sowie Zierrassen ohne praktischen Nutzen unterscheiden muß. Im Laufe dieser Zuchtbestrebungen erhielten der Vorfahr und seine Nachkommen unterschiedliche Namen, da sie nur noch wenig gemeinsam hatten - Wolf und Hund. Überläßt man den heutigen Haushund sich selbst, so wird er wieder zu einer Art Wolf, d.h. wild und selbständig, ohne dabei jedoch auch nur

Die Kornnatter wird vielfach als die erste Schlange betrachtet, die zu einem wirklichen "Haustier" geworden ist. Demzufolge soll in diesem Buch zwischen wildlebenden *Elaphe guttata* und "menschgemachten", in Terrarien gepflegten Kornnattern ein deutlicher Unterschied gemacht werden.

R. D. BARTLETT.

R. D. BARLETT.

Die Präriekornnatter *(Elaphe emoryi)* wurde über viele Jahre hinweg als westliche Unterart von *E. guttata* betrachtet und dementsprechend als *E. g. emoryi* bezeichnet. Heute wird sie jedoch in zunehmendem Maße als eigenständige Art betrachtet. Wenn es sich auch um eine ansprechend aussehende Schlange handelt, so konnte sie doch nie auch nur annähernd die gleiche Beliebtheit wie ihre östliche Verwandte erreichen.

annähernd die majestätische Würde seines Vorfahren zu erreichen. Die schneeweiße Albino- oder blutrote Kornnatter, in der Natur ausgesetzt, wird ebenfalls ihre Urinstinkte wiederentdecken, nach Freßbarem suchen und sich mit wildlebenden Exemplaren paaren. Nach wenigen Generationen wird dann die natürliche Auslese dafür gesorgt haben, daß sie wieder annähernd so aussieht wie ihre Ursprungsform, was theoretisch auch im Fall von Hund und Wolf möglich sein sollte. Allerdings ist es wahrscheinlicher, daß der Wolf den verwilderten Haushund nur als Futter betrachtet. Der hauptsächliche Unterschied liegt also im Grunde nur darin, daß die rund 200 Rassen des Hundes schon seit mehr als 3000 Jahren Gefährten des Menschen sind, die vielleicht 20 Farbvarianten der Kornnattern jedoch erst seit etwa 30 Jahren. Ein Buch über die "menschgemachte" Kornnatter hat seine Daseinsberechtigung; schließlich gibt es diese Tiere, und

sie sind beliebte Pfleglinge. Um klarzumachen, ob von natürlichen oder durch Zucht geschaffenen Kornnattern die Rede ist, sollen freilebende Exemplare mit ihrem wissenschaftlichen Namen, *(Elaphe guttata)*, und aus Zuchten entstandene als "Kornnattern" bezeichnet werden. Diese Vorgehensweise macht deutlich, daß die in der freien Natur lebende Schlange eine natürliche Verwandte von der Pilotnatter *(Elaphe obsoleta)*, von Bairds Kletternatter *(Elaphe bairdi)*, von der Fuchsnatter *(Elaphe vulpina)* und einigen anderen Arten ist. Die gezüchtete Kornnatter hat mit diesen kaum mehr etwas gemeinsam. Anzumerken wäre noch, daß die Gattung *Elaphe* nach gegenwärtiger Auffassung eine ziemlich gemischte Gesellschaft mit einer Verbreitung in der Neuen wie der Alten Welt darstellt, wovon die amerikanischen Arten miteinander enger verwandt sein dürften als mit ihren Vettern in Asien und Europa.

Darüber hinaus soll die Präriekornnatter hier als eigenständige Art, d.h. als *Elaphe emoryi* angesprochen werden und nicht als Unterart *E. g. emoryi*. Diese Auffassung gewinnt zunehmend an wissenschaftlicher Akzeptanz und erscheint, wie in dem entsprechenden Kapitel zu sehen sein wird, auch sinnvoll. Ungeachtet dessen, daß *E. emoryi* deutlich weniger farbenprächtig als *E. guttata* ist, hat diese Art bei der Schaffung einiger Zuchtformen der Kornnatter eine maßgebliche Rolle gespielt. Auch ist sie gleichermaßen gut für die Terrarienhaltung geeignet.

Es gibt viele Terrarianer, vor allem in Europa, die die Zucht von "unnatürlichen" Farbmutationen grundsätzlich ablehnen. Sie argumentieren, daß Reptilien keine Haustiere seien, daß die Haltung von Nicht-Haustieren nur zum Studium ihrer Biologie dienen sollte und/oder daß sich natürliche Schönheit sowieso nicht verbessern läßt. Obwohl dies Argumente in aller Regel zutreffen, könnte man dem entgegenhalten, daß auch der Goldfisch, der Guppy, die Katze, der Hund, der Kanarienvogel, der Goldhamster, das Reitpferd und alle landwirtschaftlichen Nutztiere kaum noch ihren ursprünglichen Vorfahren gleichen. Auch hier haben wir es heute mit "menschgemachten" Formen zu tun. Wenngleich es der persönlichen Einstellung überlassen bleibt, sollte man es vielleicht als gegeben hinnehmen, daß es eben wildlebende *Elaphe guttata* UND gezüchtete Kornnattern gibt.

Unter den zahlreichen gezüchteten Kornnattervarietäten ist die Zuchtform "Snow" besonders auffällig. Sie ist insofern bemerkenswert als sie aufgrund fehlender schwarzer und roter Pigmente in der Haut kaum eine Zeichnung aufweist. Bei Exemplaren wie dem hier gezeigten sorgt jedoch das verbliebene gelbe Pigment für eine ungewöhnliche Musterung.

R. D. BARTLETT

Zur Naturgeschichte

Die erste anerkannt wissenschaftliche Beschreibung einer Schlange mit dem Namen *Coluber guttatus* erfolgte durch LINNAEUS im Jahre 1766. Sie war damit eine der ersten Schlangen Nordamerikas, die formell beschrieben und benannt wurde, wenngleich das Tier selbst den frühen Entdeckern schon lange Zeit zuvor in den heutigen Bundesstaaten North und South Carolina begegnete. Die Typuslokalität, d.h. der Fundort des Typusexemplars, wurde erst sehr viel später, jedoch historisch folgerichtig, als "in der Nähe von Charleston, South Caro-

1798, *Coluber carolinianus* SHAW 1802, *Coluber molossus* DAUDIN 1803, *Coluber pantherinus* DAUDIN 1803 und *Coluber floridanus* HARLAN 1827. Diese unterschiedlichen Benennungen beruhten auf der Tatsache, daß Linnés sehr knappe Erstbeschreibung nur schwerlich eine Identifikation des dazugehörigen Tieres zuließ. All diese Namen gelten heute als Synonyme. *Elaphe guttata* ist darüber hinaus auch die Typusart der Gattung *Pantherophis* FITZINGER 1843, was insofern bedeutsam ist, falls es, wie zu erwarten ist, einmal zu einer Trennung der eurasischen und amerikanischen

R. D. BARTLETT.

Elaphe guttata wurde bereits 1766 von dem schwedischen Arzt und Naturforscher Carl von Linné (Carolus Linnaeus) wissenschaftlich beschrieben und benannt. Sie war damit eine der ersten Schlangen Nordamerikas mit einem wissenschaftlichen Namen.

lina" festgelegt. Es dauerte ebenfalls fast ein Jahrhundert, bis diese Art der Gattung *Elaphe* zugeordnet wurde, obwohl der Name bereits 1833 von FITZINGER -allerdings für die europäische Vierstreifennatter- vorgeschlagen worden war. Bis in das frühe 19. Jahrhundert hinein erfolgten einige weitere Beschreibungen unter anderen Namen, so z.B. als *Coluber maculatus* BONNATERRE 1790, *Coluber compressus* DONNDORF

Arten von *Elaphe* auf Gattungsebene kommen sollte.

Erstaunlicherweise zeigt *Elaphe guttata* innerhalb ihres großen, den gesamten Südosten der USA umfassenden Verbreitungsgebietes eine relativ geringe Variationsbreite. Eine Ausnahmesituation besteht in Florida, wo gleich mehrere Trends zu anderen Färbungen und auch Beschuppungswerten erkennbar sind. Einige Taxonomen erkennen daher

R. D. BARTLETT.

Natürlich vorhandene rote und orangefarbene Töne machen *Elaphe guttata* zu ansprechend aussehenden und auffälligen Terrarienpfleglingen.

auch *Elaphe guttata rosacea* (COPE 1888) mit der Typuslokalität Key West in Florida als gültige Unterart an.

Über die ausschließliche Verwendung des Namens Kornnatter für die Zuchtformen von *E. guttata* in diesem Buch wurde bereits in der Einleitung gesprochen, jedoch sollte dieser Name noch kurz erklärt werden. Er bezieht sich auf das häufige Vorkommen dieser Schlange in Getreidevorräten, wo sie Jagd auf die zahlreichen Mäuse und Ratten macht. Der alternativ verwendete amerikanische Trivialname Rote Kornnatter weist hingegen auf das offensichtlichste Unterscheidungsmerkmal zur nahe verwandten Präriekornnatter *(Elaphe emoryi)*, die Rotfärbung, hin.

Ob sich *E. guttata* aus der letztgenannten Form entwickelt hat oder ob beide aus einem gemeinsamen Vorfahren hervorgegangen sind, ist derzeit noch ungeklärt. Fest steht jedoch, daß beide seit etwa zwei Millionen Jahren oder etwas weniger durch den für landbewohnende Schlangen unüberwindbaren Mississip-

pi voneinander getrennt sind. Die gegenwärtige Verbreitung spiegelt dabei zumindest teilweise die durch den Wechsel von Eis- und Zwischeneiszeiten bedingten Landschaftsveränderungen wider. Während der Kaltzeiten waren erhebliche Mengen Wasser in den ausgedehnten Polarkappen und Gletschern gebunden, so daß der gesunkene Meeresspiegel einen breiteren Küstenstreifen bewohnbar machte. In den wärmeren Zwischeneiszeiten stieg der Meeresspiegel hingegen, weite Bereiche flachen Landes wurden unbewohnbar, und die Flora und Fauna konnte nur in höheren Lagen überleben. Diese Erscheinung globalen Ausmaßes wirkte sich natürlich auch auf den Osten der USA aus, und so ist es nicht verwunderlich, daß die nördlichsten Populationen von E. guttata in Maryland und New Jersey erst seit ein paar Tausend Jahren existieren. Dieser Bereich wurde erst bewohnbar, als sich die eiszeitlichen Gletscher zum letzten Mal zurückzogen. Auf der anderen Seite bewirkten die klimatischen Veränderungen vermutlich ein inselartiges Überleben von ursprünglichen Formen dieser Schlange in Florida. Sie überstanden die Hochwasser der Zwischeneiszeiten in höher gelegenen Landstrichen. Die Individuen wie auch die Populationen von *E. guttata* zeigen daher in den weitaus größten Bereichen ihres Verbreitungsgebietes die gesamte Variationsbreite der Art Junge oder schwach gefärbte adulte Exemplare von *Elaphe guttata* sind relativ leicht mit jungen bis subadulten Pilotnattern *(Elaphe obsoleta)* zu verwechseln. Ein gewöhnlich zuverlässiges Unterscheidungsmerkmal ist jedoch die vollständige Pfeilspitzenzeichnung auf dem Kopf, welche bei *E. obsoleta* fehlt. Einige *E. guttata* besitzen allerdings eine reduzierte oder aufgebrochene Kopfzeichnung. In solchen Zweifelsfällen hilft dann ein anderes Merkmal zur Unterscheidung. Vom Auge zieht sich ein Balken zum Mundwinkel, der bei *E. guttata* einen beidseitig schwarzen Rand und ein rötlich braunes Zentrum besitzt und der sich unter dem Mundwinkel bis auf die Kehle fortsetzt. Bei *E. obsoleta* ist dieser Balken hingegen einfarbig und endet am Mundwinkel.

Beschreibung

Elaphe guttata ist eine schlanke, elegant wirkende Schlange. Die breiten Ventralia (Bauchschuppen) sind an ihren seitlichen Rändern scharf nach oben abgeknickt, wodurch ein geschicktes und sicheres Klettern ermöglicht wird. Ungefähr die mittleren fünf Reihen der Dorsalia (Rückenschuppen) sind schwach gekielt, bei Jungtieren jedoch ziemlich glatt. Die Schuppenformel lautet in aller Regel 25-27-19, was bedeutet, daß man etwa eine Kopflänge hinter dem Kopf 25, um die Körpermitte 27 und vor dem Kloakenspalt 19 Schuppenreihen zählt. Es gibt fast immer 8 Supralabialia (Oberlippenschilder) und 11 Sublabialia (Unterlippenschilder). Die Anzahl der Ventralia (Bauchschuppen) schwankt zwischen 205 und 244, wobei Männchen der gleichen Population gewöhnlich fünf oder sechs Bauchschuppen weniger als die dazugehörigen Weibchen haben. Andererseits besitzen sie einen längeren Schwanz als die Weibchen und daher auch mehr Subcaudalia (Schuppen auf der Schwanzunterseite), deren Anzahl sich populationsabhängig zwischen 47 und 84 bewegen kann. Wie für die Gattung typisch, ist das Analschild (das die

Ein kräftig rot gefärbtes Wildfangtier von *E. guttata* aus dem Norden von Florida.

R. D. BARTLETT.

Intensives Züchten hat zu einer großen Anzahl von Färbungs- und Zeichnungsvarietäten geführt, die durch immer neue ergänzt werden und das Interesse daran wachhalten. Hier abgebildet ist eine Zuchtform mit dem Namen "Candy-Cane"-Kornnatter. Foto: W.P. Mara

Kloake bedeckende Schild) stets unge-
teilt; individuelle Anomalien sind jedoch
nicht ausgeschlossen.

Innerhalb des Verbreitungsgebietes existieren deutliche morphologische Merk-
malstendenzen von Nord nach Süd. So
haben beispielsweise Exemplare aus südlichen Populationen gewöhnlich mehr
Ventralia und Subcaudalia als ihre Verwandten aus dem Norden.

Die meisten Exemplare von *Elaphe guttata* entsprechen in ihrer Färbung ihrem
Namen "Rote Kornnatter" und sind mehr
oder weniger hell rötlich orange bis
bräunlich orange auf dem gesamten
Rücken. Die Rückenmitte wird von einer
Reihe großer, meistens ungefähr qua-
dratischer Sattelflecken geziert, die
jeweils zwei bis fünf oder manchmal auch
mehr Rückenschuppenreihen in der
Länge einnehmen. Jeder Sattelfleck ist
dabei von einem schwarzen Rahmen
umgeben, welcher bis zu einer komplet-
ten Schuppenreihe breit oder auch nur
als feine Linie ausgebildet sein kann. In

der Regel zählt man zwischen 25 und 45
solcher Zeichnungselemente; lediglich
weit im Süden des Verbreitungsgebietes
findet man gelegentlich ein Weibchen
mit bis zu 50 Sattelflecken. Die Flecken
selbst sind meist rotbraun bis kräftig rot
und kontrastieren mit der Grundfarbe.
Insbesondere im vorderen Bereich des
Körpers berühren die Ecken der Sättel
einander bisweilen, so daß ein mehr oder
weniger unterbrochener Mittelstreifen
entsteht. Parallel und alternierend mit
den Sattelflecken findet man speziell im
vorderen Körperabschnitt auf den unteren Flanken kleinere rundliche oder langgestreckte Flecken mit rötlichem Zentrum und schwarzem Rand. Einige Tiere
besitzen auch noch eine dritte Fleckenreihe an der Grenze zwischen den Flan-
kenschuppen und den Ventralia. Der
erste Sattelfleck im Nacken hat zwei nach
vorn ausgerichtete Arme oder breite Streifen, die auf der Mitte des Kopfes zu einer
pfeilspitzenartigen Zeichnung zusam-
menfließen. Des weiteren erkennt man

Kopfstudie von *Elaphe guttata*. Zeichnung: John R. Quinn

R. D. BARTLETT.

Einer der natürlichen Lebensräume in einem Hammock in Florida, wo *E. guttata* zusammen mit ihrer nahen Verwandten *Elaphe obsoleta quadrivittata* vorkommt.

ein deutliches Band, welches von hinter und unterhalb des einen Mundwinkels durch das Auge über den vorderen Kopf durch das andere Auge und den gegenüberliegenden Mundwinkel in den seitlichen Kehlbereich verläuft. Dieses Band ist gewöhnlich deutlich rötlich, hat oftmals die gleiche Färbung wie die Rückenflecken und besitzt auch deren schwarze Umrandung.

Der Kehlbereich ist weiß und zeichnungslos; die Bauchseite ebenfalls weiß oder hell cremefarben, zeigt aber einige bis zahlreiche ungefähr quadratische oder rechteckige schwarze Flecken, die oft über einen bläulichen Glanz verfügen. Die Schwarzzeichnung ist hochgradig variabel und kann bei manchen Tieren rund drei Viertel der Bauchfläche einnehmen, bei anderen hingegen nur aus wenigen schwarzen Punkten bestehen. Im hinteren Abschnitt des Körpers beginnt an den äußeren Rändern der Ventralia jeweils eine Reihe schwarzer Punkte, die sich zu einem Streifen verdichten und bis hinter den Kloakalspalt auf die Seiten des Schwanzes reichen.

Wie bei den Beschuppungswerten, so gibt es auch bei der Anzahl der Rückenflecken deutliche Tendenzen zu höheren Werten je weiter südlich man Tiere findet. Die Breite der schwarzen Ränder um die Sattelflecken nimmt hingegen entlang der Atlantikküste Richtung Süden immer mehr ab, und beide Phänomene erreichen in den südlichen Florida Keys ihre extremsten Erscheinungsformen.

Variation

Während diese Art entlang der Atlantikküste gut untersucht ist, sieht es bei den Populationen im ferneren Inland ganz anders aus. Generell erweisen sich Exemplare aus dem Norden der Verbreitung als wenig farbenprächtig mit Sattelflecken, die sich nicht besonders deutlich von der Grundfarbe abheben.

Zu dem düsteren Gesamteindruck trägt auch bei, daß die schwarzen Ränder der Rückenzeichnung bei diesen Tieren gewöhnlich sehr breit sind. In den beiden Bundesstaaten Carolina und weiter südwärts durch die größten Teile Floridas werden die Farben zunehmend kräftiger und das Erscheinungsbild gemeinhin kontrastreicher. Folglich existieren hier die terraristisch begehrtesten Exem-

mahagoniroten Flecken gezeichnet sind. Die Färbung der Unterseite ist gleichermaßen variabel und folgt dem zuvor beschriebenen Muster. Tiere aus dem Norden besitzen viel Schwarz auf der Bauchseite, während solche aus dem extremen Süden Floridas nur ein paar kleine schwarze Flecken zeigen. Wie bereits erwähnt, nimmt die Anzahl der Ventralia und Subcaudalia von Norden

MICHAEL GILROY.

Die farbenprächtigsten *Elaphe guttata* findet man im Süden ihres Verbreitungsgebietes, wobei allerdings einige Populationen auf der Halbinsel von Florida genauso düster aussehen wie solche aus nördlichen Vorkommen. Das hier gezeigte Wildfangtier ist sehr prächtig.

plare. Die prächtigen Färbungen und Zeichnungen findet man auch entlang der unteren Golfküste bis in den Osten von Louisiana. Einige Populationen im Westen von Florida fallen wiederum dadurch auf, daß sie ziemlich düster und *E. emoryi* beinahe ähnlicher sind als *E. guttata*. Weiter im Inland, d.h. in den südlichen Ausläufern der Appalachen bis nach Tennessee und Kentucky kommen hingegen Populationen vor, die in einzigartiger Weise rosafarben gräulich mit

nach Süden zu.
Exemplare aus dem äußersten Süden der Florida Keys sind sehr blaß und werden daher bisweilen als "Pink Phase" bezeichnet. Bei ihnen können die schwarzen Ränder der Sattelflecken völlig fehlen. Ebenso können die die hauptsächliche Zeichnung begleitenden Flankenflecken weitgehend oder auch vollständig fehlen. Die Schwarzzeichnung auf der Ventralseite ist gewöhnlich stark reduziert. Solche Tiere sind typisch

JOHN IVERSON.

Ein ausnehmend schöner Wildfang mit klarer Zeichnung und starken Kontrasten aus den Everglades in Florida.

für die südlichen Keys, kommen jedoch auch noch auf einigen Inseln der oberen Keys und solchen vor der Südwestküste des Festlands vor. Diese "Pink Phase" entspricht der bereits erwähnten Unterart *E. guttata rosacea*, deren Gültigkeit seit langer Zeit umstritten ist. Eine Analyse der Merkmale jüngeren Datums zeigte, daß die "Pink Phase" das Ende einer linearen Reihe von Entwicklungstrends ist. Ihre Merkmale sind nicht konstant, und die Form teilt diverse Charaktere mit Populationen im Norden von

Florida. Es scheint daher angebracht, die Unterart *rosacea* nicht als gültig zu führen. Ungeachtet dessen machen ihre zarten Farben die "Pink Phase" zu einem begehrten Ausgangspunkt für Kreuzungen und Auswahlzuchten von Kornnattern. *Elaphe guttata* ist auf den unteren Keys schon immer selten gewesen und heute gesetzlich geschützt.

Die angeblichen Übergangszonen zwischen *E. guttata* und *E. emoryi* später diskutiert werden.

Kornnattern werden gewöhnlich kaum länger als 120 cm und sind daher einfach in einem Terrarium unterzubringen. Es sind Kletterkünstler, denen man unbedingt entsprechende Betätigungsmöglichkeiten zur Verfügung stellen sollte. Foto: B. Kahl

Größe

Bei *Elaphe guttata* handelt es sich um keine große Schlange. Die meisten Exemplare sind bereits mit 60 bis 90 cm ausgewachsen; nur einige erreichen 120 cm. Der Längenrekord liegt bei 180 cm, doch wird man derzeit wohl lange suchen müssen, um auch nur ein Tier von 150 cm zu finden.

Verbreitung

Die natürliche Verbreitung der Art erstreckt sich vom östlichen Louisiana vom Ostufer des Mississippi, mit Ausnahme des Atchafalaya-Beckens, westlich von New Orleans über den gesamten marva Halbinsel bis in die Kiefernwälder von New Jersey verbreitet. Aufgrund dieses heutigen Verbreitungsmusters kann man mit einiger Sicherheit annehmen, daß die Schlange aus einem weiter westlich verbreiteten Vorfahren hervorgegangen ist, da die größten Teile des Bereichs zwischen dem Norden Virginias und New Jersey während der Eiszeiten unbewohnbar waren. Möglicherweise haben die heute dort existierenden Populationen die letzte Kaltzeit in Isolaten in Virginia überlebt und sich von dort aus erneut ausgebreitet als es die klimatischen Verhältnisse wieder zuließen.

JOHN IVERSON.

Die Populationen von den Lower Keys in Florida fallen durch erheblich reduzierte schwarze Ränder um die Sattelflecken sowie eine weitgehend fehlende Flanken- und Bauchzeichnung auf. Sie wurden früher als Unterart *Elaphe guttata rosacea* bezeichnet, jedoch erkennen die meisten Herpetologen diese Form nicht mehr als selbständig an.

ten Bundesstaat Mississippi, ohne die Gegend um Black Dirt, im Nordwesten über den Südosten der USA bis nach North Carolina. Die Art fehlt fast überall in Tennessee und ist nur von zwei kleinen Bereichen in Kentucky bekannt. Eine beträchtliche Anzahl isolierter Populationen ist aus dem zentralen Virginia und südlichen Maryland über die Del-

Ökologie

Elaphe guttata ist ein Kulturfolger, der sich gut an die vom Menschen veränderte Umwelt angepaßt hat und daraus seine Vorteile zieht. Man findet die Schlange oftmals in der Nähe von oder in Scheunen, wenig genutzten oder verlassenen Gebäuden. Auch kann man ihr in Feldern und auf anderen offenen Flächen

R. D. BARTLETT.

Ungeachtet dessen, daß die Form *"rosacea"* nicht mehr als valide betrachtet wird, sind die herausragendsten Charaktere der Lower-Keys- Exemplare vielfach in Kreuzungsversuchen weitervererbt worden und haben zu Zuchtformen wie dieser geführt.

begegnen, wobei trockeneren Landstrichen eindeutig der Vorzug gegeben wird. Andererseits ist die Art aber auch in dieser Hinsicht nicht allzu wählerisch. Grundsätzlich handelt es sich um einen Jäger von Nagetieren und Jungvögeln, der stets dort am häufigsten anzutreffen ist, wo es Beute im Überfluß gibt. Jungtiere ernähren sich überwiegend von Fröschen und Echsen, schrecken jedoch auch selbst vor großen Insekten nicht zurück. Sofern sie sie finden können, fressen auch sie die Jungtiere von Kleinnagern.

Auf den aktiven nächtlichen Jäger üben asphaltierte, während des Tages von der Sonne aufgewärmte Straßen eine starke Anziehungskraft aus. Hier kann man manchmal nachts Tiere finden, die jedoch oft dem rollenden Verkehr zum Opfer fallen. Während des Tages versteckt sich die Schlange unter moderndem Holz oder anderen auf dem Boden liegenden Gegenständen und Müll, in Nagetierbauten, und nicht selten wählt sie als Tagesversteck ein Gebäude aus. Wenngleich sie ein geschickter Kletterer ist, bewegt sie sich doch meistens am Boden. Dies kann mehrere Gründe haben, einer wäre der Wettbewerb mit der mehr baumbewohnenden, weiträumig sympatrisch vorkommenden Pilotnatter.

Abhängig vom Vorkommen und den jeweiligen Wintern ist *E. guttata* etwa von März bis ungefähr Oktober oder November aktiv. Während milder Witterung kann man ihr jedoch in den südlichen Teilen ihrer Gesamtverbreitung bisweilen auch im Winter begegnen. Zur Winterruhe suchen sich die Tiere frostgeschützte Verstecke in vermodernden Baumstämmen oder in Hausfundamenten aus. Die Fortpflanzungszeit folgt direkt auf die Beendigung der Winterruhe, was wiederum vom Fundort und dem gerade dort herrschenden Klima diktiert wird. Ablagestellen werden in der Natur nur selten und durch Zufall entdeckt. Bis Ende der fünfziger Jahre wußte man daher nur sehr wenig über Eizahlen, zur Inkubation bevorzugte Kleinklimate und so weiter. Das Wachstum der Jung-schlangen geht schnell vonstatten, und die Tiere werden bereits im Alter von 18 Monaten bis zwei Jahren geschlechtsreif. Mit drei oder vier Jahren sind dann nahezu ausgewachsen.

Die Art ist mit einer Lebenserwartung von rund 20 Jahren langlebig; der Altersrekord im Terrarium liegt derzeit bei 21 Jahren 9 Monaten. Im Terrarium leben gut gepflegte Tiere wenigstens 10 bis 15 Jahre.

Wie Untersuchungen belegten, beträgt die Anzahl der Chromosomen 2n=36, was dem Normalwert für nordamerikanische *Elaphe*-Arten entspricht. Im Vergleich hierzu besitzen die der Gattung *Bogertophis* zugeschlagenen Arten einen Wert von 2n=40. Die Chromosomenform läßt sich nur mit Mühe von der bei *E. obsoleta* unterscheiden, was die nahe Verwandtschaft beider belegt.

Haltung und Vermehrung

Die Pflege und Vermehrung der Wildfänge von *Elaphe guttata* unterscheidet sich kaum von der für aus menschlicher

Elaphe guttata sind selbst während ihrer nächtlichen Aktivitätszeit auffällig, insbesondere wenn sie sich in größeren Stückzahlen an aufgeheizten Asphaltstraßen versammeln.

LOUIS PORRAS.

ISABELLE FRANCAIS

Kornnattern lassen sich bereits mit einem denkbar geringen Aufwand artgerecht unterbringen. Ein einfach eingerichtetes Behältnis genügt allen Grundbedürfnissen und vereinfacht die Sauber- und damit Gesunderhaltung.

Zucht stammenden Kornnattern, so daß ein Verweis auf das entsprechende Kapitel an dieser Stelle ausreicht. Es genügt zu erwähnen, daß sich ein der Natur entnommenes Exemplar von etwa 30 oder 40 cm Länge gut und ziemlich schnell an das bequeme, gefahrlose Leben im Terrarium gewöhnt. Es dauert gewöhnlich nur kurze Zeit, bis es auch aufgetaute Tiefkühlmäuse als Futter erkennt. Etwas anders sieht es mit erwachsenen Wildfängen aus, die sich nervös und aggressiv zeigen und oftmals erst nach mehreren Zwangsfütterungen an Labormäuse zu gewöhnen sind. Solange man sie jedoch in einem relativ trockenen, ausreichend großen und angemessen temperierten Terrarium mit geeigneten Versteckplätzen und einer feuchten Stelle hält, hat man es auch hier nach einiger Zeit mit angenehmen Pfleglingen zu

tun. Angemerkt werden muß vielleicht nur noch, daß Wildfänge ebenso wie ihre im Terrarium vermehrten Nachfolgern wahre Ausbruchskünstler sind, die jede Schwachstelle im Terrarium nach kürzester Zeit entdecken und zu nutzen wissen.

Wildfänge von *E. guttata* waren der Ausgangspunkt aller heute existierenden Mutationen der Kornnatter. Auch die Zeichnungsvarietäten fußen auf in der Natur gefundenen, von der Norm abweichenden Exemplaren, die durch Auswahlzucht und Kreuzungen zu dem gemacht wurden, was sie heute sind.

Aufgrund der Beliebtheit dieser Art, besonders bei US-Terrarianern, stehen die natürlichen Populationen im gesamten Verbreitungsgebiet unter starkem Druck durch Übersammeln. Das Wegfangen aus der Natur geht selbst da noch weiter, wo gesetzliche Bestimmungen das Sammeln reglementieren oder sogar völlig verbieten. In New Jersey hat dies inzwischen dazu geführt, daß nicht nur das Sammeln von *E. guttata,* sondern auch die Haltung von Kornnattern verboten ist. Die einzige Ausnahme sind derzeit (noch) Albinos aus Terrariennachzucht.

In Florida, dem Land der professionellen Reptilienzüchter, ist das Sammeln für gewerbliche Zwecke reglementiert. Es ist hier beispielsweise illegal, aus dem Auto heraus zu sammeln, d.h. das nächtliche Abfahren von Teerstraßen, dem effektivsten Weg, größere Stückzahlen zu fangen. Die Populationen bei Baton Rouge in Louisiana und verschiedene Bestände in North- und South-Carolina waren von jeher das Ziel sammelwütiger Schlangenfans, wenngleich sie noch nie besonders individuenstark waren. Im Grunde ist es wenig verständlich, warum mancher so versessen darauf ist, sich mit vernarbten und meistens wenig ansprechend aussehenden Wildfängen und deren Problemen wie Aggressivität und Parasitenbefall abzugeben, wenn er makellose, schöne, eingewöhnte und gesunde Tiere für das gleiche Geld kaufen kann. Die heute noch freilebenden *Elaphe guttata* sollte man in ihrer natürlichen Umgebung beobachten, sich an ihr erfreuen und sie ansonsten in Ruhe lassen.

Ganz ohne Wildfänge kommt jedoch der Kult um die Kornnatter nicht aus. Da zur Erzielung und Erhaltung der einzelnen Mutationen Inzucht unumgänglich ist, sind die meisten Zuchtstämme genetisch verarmt und mit Schwächen behaftet. Diese äußern sich mit fortschreitender Generationsfolge zunehmend in Jungtieren mit Deformationen und Anomalien, wie zu kurze Köpfe, Beschuppungsfehler, unregelmäßige Zeichnung, einer verminderten Lebensfähigkeit von Eiern und Jungtieren sowie einer verkürzten Lebenserwartung. Um diese unerwünschten Nebeneffekte einzugrenzen, gibt es nur eine Möglichkeit, nämlich die sogenannte Butauffrischung. Hierbei handelt es sich um das regelmäßige gezielte Einbringen von "frischem Blut" durch ein Verpaaren von Zucht-Kornnattern mit ausgewählten Wildfängen. Auf diese Weise werden die Stämme der mutierten Kornnattern genetisch gestärkt und stabilisiert. Es ist offensichtlich, daß dieses Vorgehen ein großes Maß an Erfahrung erfordert und ein fundiertes Wissen darüber, was zu erwarten ist, wenn man solche Tiere kreuzt. Auch rentiert es sich nur für die in den USA marktbeherrschenden professionellen Züchter mit ihren großen Zuchtbeständen. Andererseits benötigen diese nur einige wenige Wildfänge pro Jahr zum Erfolg, so daß hierdurch kaum Druck auf die wildlebenden Bestände ausgeübt wird.

An dieser Stelle muß auf die Hybridisierung von *Elaphe guttata* mit verschiedenen anderen Arten eingegangen werden. Kornnattern sind versuchsweise bereits mit mehreren Unterarten der Pilotnatter *(Elaphe obsoleta)*, der Kalifornischen Kettennatter *(Lampropeltis getula californiae)*, der Bullennatter *(Pituophis catenifer)* und angeblich sogar mit diversen Unterarten der Dreiecksnatter *(Lampropeltis triangulum)* und mit der Graugebänderten Königsnatter *(Lampropeltis alterna)* gekreuzt worden. Den Züchtern zufolge sind aus all diesen Kreuzungen

Auch junge Albino-Kornnattern lassen sich meistens problemlos mit neugeborenen Mäusen ernähren. Man sollte sie allerdings einzeln unterbringen, da es ansonsten zu Kannibalismus kommen kann.

ISABELLE FRANCAIS

Einer der angenehmsten Aspekte der Haltung von Kornnattern ist, daß selbst der terraristisch Unerfahrene mit ihr Fortpflanzungserfolge erzielen kann. Die Voraussetzungen dazu sind leicht zu erfüllen. Foto: Isabelle Francais mit Dank an Tim. M. Scott

Nachkommen hervorgegangen, welche sich mit gleichartigen Hybriden sowie ihren Eltern als fortpflanzungsfähig erwiesen.

Einige dieser Art- und Gattungsbastarde sehen prächtig aus und erfreuten sich vorübergehend einer großen Beliebtheit. Aufgrund ihrer Seltenheit waren sie allerdings auch stets sehr teuer und nur mit Mühe zu bekommen. Heute scheinen sie nur selten produziert zu werden, was möglicherweise den Grund hat, daß sich die Züchter selbst fragen, was passieren könnte, wenn so ein Bastard unbemerkt in einen Zuchtstamm eingekreuzt wird. Diese Gefahr ist nicht von der Hand zu weisen, da in jedem Hybridzuchtprogramm viele unscheinbare Nachkommen entstehen, die einem ihrer Elternteile täuschend ähnlich sehen, in ihren Erb-anlagen jedoch fremde Gene tragen. Die Versuchung, die "normal" aussehenden Exemplare als reinrassig abzustoßen, ist aufgrund der entstandenen Unkosten groß, und damit besteht eine wirkliche Gefahr für eine unbemerkte Verfälschung von Zuchtstämmen. Der professionelle Züchter muß von dem leben, was er produziert und verkaufen kann. Die wenigsten stellen ihren Kunden akkurat geführte Stammbäume für die erworbenen Schlangen zur Verfügung, und so ist es nicht auszuschließen, daß sich ein nichtsahnender Käufer oder gar ein anderer Züchter unbemerkt unerwünschte, fremde Gene in seine Zucht einschleppt. Die Risiken der Hybridzucht überwiegen daher schon aus rein ökonomischen Gründen die Vorteile.

Eine Kornnatter der Zuchtform "Jungle". Sie repräsentiert eine gattungsübergreifende Hybridzucht aus der Kornnatter und der Kalifornischen Königsnatter (Lampropeltis getula californiae). Ungeachtet ihres spektakulären Aussehens wird diese Kreuzung aus verschiedenen Gründen heute nur noch vereinzelt weiterverfolgt.

W. P. MARA.

Getrübte, milchig-blaue Augen weisen bei jeder Schlange auf eine bevorstehende Häutung hin. Abgebildet ist eine „amerythristische" Kornnatter. Foto: Isabelle Francais mit Dank an Tim. M. Scott

Auswahl der Tiere

Wie mit jedem Tier wird man nur an einer einwandfrei gesunden Kornnatter auf lange Sicht seine Freude haben. Zum Glück ist es mit etwas gesundem Menschenverstand relativ einfach, ein solches Tier zu erkennen und auszuwählen. Schließlich handelt es sich bei vielen Kornnattern um sorgfältig in Auswahlzucht produzierte "Haustiere". Das größte Problem liegt daher meistens darin, sich für eine der vielen Varietäten zu entscheiden. Eine Grundsatzentscheidung sollte jedoch sein, ob man einen Schlüpfling oder bereits einen Jährling erwirbt. Schlüpflinge werden gewöhnlich auf den Markt geworfen, sobald sie ihre erste nackte Maus, sei es nun lebend oder tiefgefroren und aufgetaut, gefressen haben. Wie fast alle anderen Schlangen auch, fressen Kornnattern nicht sofort wenn sie aus dem Ei kommen. Während der ersten Tage nach dem Schlupf ernähren sie sich noch von den Resten des Eidotters, die sie in den Körper eingezogen haben. Erst nach der ersten Häutung zeigen sie Interesse an Futter. Der Züchter muß diese Jungtiere daher wenigstens über diesen Zeitraum noch behalten. In der Hochburg des Kornnattern-Kults und der professionellen Schlangenzüchter, den USA, kommen daher insbesondere im Herbst Unmengen von Kornnatter Schlüpflingen in die zahllosen Zoogeschäfte. Ein großes Angebot senkt natürlich die Preise, und nur die völlig verrückten, neuesten Mutationen erfordern größere Investitionen. Kurze Zeit später tauchen diese Zuchtformen dann auch bei den europäischen Groß- und Einzelhändlern auf.

R. D. BARTLETT,

Das Hauptproblem bei der Auswahl einer Kornnatter liegt meistens in der Entscheidung für eine der vielen Zuchtformen. In jedem Fall sollte man jedoch darauf achten, ein offensichtlich gesundes und parasitenfreies Tier zu erwerben.

Diese Schlüpflinge bringen allerdings bisweilen die typischen Probleme der Jungtieraufzucht mit sich. Dabei handelt es sich in der Regel um folgende Erscheinungen.

1.) Einige Tiere gehen nicht oder nur unwillig an nackte Labormäuse. So bleibt nur das Zwangsfüttern. Bei einer bleistiftdünnen Schlange von rund 25 cm Länge ist dies eine diffizile Angelegenheit.

2.) Kornnatter-Schlüpflinge zeigen nicht ihre endgültige Farbe und Zeichnung. Speziell trifft dies auf jene Formen, die der Wildform ähnlich sind und auf verschiedene Albinos zu. Letztere können grell orangefarbene Flecken zwischen den Sattelflecken auf dem Rücken haben, die mit zunehmendem Alter verblassen. Die blut-roten Stämme sind dafür bekannt, daß sie erst mit Einsetzen der Geschlechtsreife ihre vollen Farben zeigen.

3.) Es besteht bei Schlüpflingen immer das Risiko unerkannter anatomischer oder verhaltensbiologischer Störungen. Diese Möglichkeit ist besonders bei durch ausgiebige Inzucht entstandenen Mutationen gegeben, und sie machen sich bisweilen erst Monate nach dem Schlupf bemerkbar.

Auf der anderen Seite gibt es die Jährlinge, wobei diese Bezeichnung häufig schon auf erst acht Monate alte Exemplare angewandt wird. Diese Tiere sollten völlig futterfest sein, d.h. freiwillig an entsprechend große Mäuse und Rattenbabys gehen. Sie sind an den Umgang mit Menschen gewöhnt, und sofern sie richtig behandelt wurden, sind sie ausgesprochen friedfertig. Zu diesem Zeitpunkt sind auch bereits die Färbung und Zeichnung nahe ihrem endgültigen Zustand. Ein

Jähring hat jedoch seinen Preis, und er kostet schnell ein Mehrfaches von einem Schlüpfling. Der Grund ist daß diese Tiere in den vergangenen Monaten eine Menge Mäuse gefressen, Platz und Fürsorge in Anspruch genommen und somit den Züchter oder Vorbesitzer ebenfalls Geld gekostet haben.

Für den Anfänger in der Kornnatter-Pflege ist die Aufzucht einer frisch geschlüpften Schlange jedoch eine Aufgabe, der er nicht gewachsen ist. Er ist vielleicht trotz der damit verbundenen Mehrkosten mit einem bereits älteren Tier besser bedient. Angesichts der Lebenserwartung dieser Anschaffung empfiehlt es sich jedoch in jedem Fall, nur Exemplare zu erwerben, welche dem eignen Geschmack entsprechen.

Das Terrarium

Grundsätzlich gibt es zwei Möglichkeiten der Schlangenpflege - die Haltung im naturnah eingerichteten Biotopterrarium und die in einem Behälter unter strengsten hygienischen Gesichtspunkten. Beide haben ihre Vor- und Nachteile, und es wäre verfehlt zu sagen, die eine wäre besser als die andere oder die Schlange würde sich in diesem oder jenem "wohler fühlen". Schlangen sind Lebewesen, die sich dann wohl fühlen, wenn ihren essentiellen Grundbedürfnissen Rechnung getragen wird. Bei diesen handelt es sich primär um Raum, Wärme, Nahrung, Hygiene und Schutz, sekundär um Tag/Nachtwechsel, die Möglichkeit zu einer Stoffwechselpause und einer eventuell anschließenden Paarung. Mit welchen Mitteln man diesen Bedürfnissen entspricht, ist der Schlange völlig egal.

Im Fall der Kornnattern ergibt sich jedoch auch noch ein anderer Gesichtspunkt, der sich bei den allermeisten anderen Terrarientieren nicht stellt. Sie sind im Gegensatz zu vielen anderen Reptilien recht anspruchslos. Das heißt jedoch nicht, daß man Kornnattern in Schuhschachteln halten sollte und nur *Elaphe guttata* ein natürlich gestaltetes Terrarium benötigt. Sicherlich könnte man die Haltung von Kornnattern als eine reine "Geschmacksfrage" verstehen, denn letztlich liegt das Bestreben der US-Züchter einzig darin, ständig neue, aufsehenerregende Mutationen zu schaffen, um das Interesse an den Tieren aufrechtzuerhalten. Das hat natürlich dazu geführt, daß der Anreiz zur Haltung dieser Tiere nicht mehr in der Schlange selbst, also in ihrem Verhalten und ihrer natürlichen Form, sondern allein in ihrem künstlich geschaf-

Ein spartanisch eingerichtetes Vollglasterrarium zur Haltung einer einzelnen Kornnatter. Als Bodengrund wurde hier ein passendes Stück Auslegware verwendet.

ISABELLE FRANCAIS

ISABELLE FRANCAIS.

Zur vorübergehenden Unterbringung oder für die Jungtieraufzucht eignen sich diverse Kunststoffbehälter. Sichergestellt sein muß jedoch in jedem Fall, daß das Behältnis ausbruchssicher verschließbar ist. Hier gezeigt ist eine Gestreifte Albino-Kornnatter.

fenen Erscheinungsbild liegt. Aus diesem Grunde gibt es auch Halter, die für einen Albino oder eine andere ausgefallene Mutation eine sehr spartanische Unterbringung vorziehen; hier lenkt nichts vom Anblick des Tieres ab. Trotzdem würde sich das betreffende Tier in einem gut gestalteten naturnahen Terrarium ebenso wohl fühlen wie ein *Elaphe guttata*-Wildfang. Für welche Art der Unterbringung sich der Pfleger nun auch entscheidet, hier sollen nur Anregungen und Hinweise gegeben werden.

Die amerikanische Form der Terraristik erfreut sich auch bei einigen Schlangenpflegern in Europa zunehmender Beliebtheit, bietet sie doch einige Vorteile. Hervorzuheben ist sicherlich der minimale Aufwand bei der Sauberhaltung. Hierzu eignen sich alle möglichen Arten von mehr oder weniger durchsichtigen Behältnissen, angefangen von halbtransparenten großen Plastikboxen bis hin zu simplen Vollglasaquarien mit Abdeckung. Ihnen ist gemeinsam, daß sie einfach und gründlich zu reinigen und preiswert in der Anschaffung sind. Der US-Markt bietet auch regelrecht zur Pflege von Kornnattern entworfene Terrarien komplett mit ausbruchssicherem Deckel und der Möglichkeit zum Übereinanderstapeln.

Ein etwa 70 Liter großes Vollglasaquarium, länger und breiter als hoch, ist zur Haltung von ein oder zwei erwachsene oder einer Handvoll junger Kornnattern ausreichend. Aufgrund ihrer versteckten und relativ ruhigen Lebensweise benötigen die Tiere relativ wenig Raum, um ihren Aktivitätsdrang zu befriedigen. Das hin und wieder zu hörende Argument, daß sich die Schlange in ihrem Terrarium zumindest ausstrecken können muß, zeugt von Unwissenheit -eine gesunde Schlange streckt sich nicht aus! Viel wichtiger als das Behältnis selbst ist seine Abdeckung. Kornnattern sind Kletterkünstler, die selbst in den silikonverklebten Ecken eines Vollglasaquariums noch genügend Halt finden, um nach oben zu gelangen. Eine verriegelbare Abdeckung, eine Einschiebe- oder sichere Schnappkonstruktion ist erforderlich. Ein solcher Deckel besteht entweder aus feiner Gaze oder aus Glas und Gaze, wobei auf eine dauerhafte Verbindung der einzelnen Bestandteile größter Wert zu legen ist.

Hiermit sind wir auch gleich beim näch-

ISABELLE FRANCAIS

Ein Vollglasbecken mit umlaufendem oberen Rahmen ermöglicht das Aufsetzen eines verriegelbaren Deckels. Schlangen sind kräftige und einfallsreiche Ausbruchskünstler.

sten wichtigen Punkt angelangt - der Belüftung. Wie jedes andere Lebewesen, benötigt auch eine Kornnatter frische Luft, um zu gedeihen. In einem Behälter muß also dafür gesorgt werden, daß verbrauchte Luft entweichen und durch frische von außen ersetzt werden kann. Andererseits ist Zugluft für die Schlange gesundheitsgefährdend. Die Ideallösung liegt hierbei in einander diagonal gegenüber angeordneten Lüftungsflächen. Diese können bei Kunststoffbehältnissen einfach aus kleinen, gründlichst entgrateten Bohrungen bestehen. Bei Glas jedoch muß man zu anderen Alternativen greifen. Durch an den Seitenwänden versetzt angebrachte verklebte Gazeeinsätze ist ein Luftaustausch gewährleistet und die Gefahr von Zugluft begrenzt. Verfügt auch noch die Abdeckung über einen breiten Streifen Gaze wird Stauluft vermieden. Zum sicheren Verkleben der einzelnen Bestandteile eignet sich Silikon. Die sicherste Verbindung von Glas und Gaze ist die Sandwich-Technik. Sie ist einfach und zum empfehlen. Hierzu wird das einzusetzende Gazestück übergroß zuge-

schnitten, auf die betreffende Freifläche aufgelegt und mit einem passenden Glasstreifen und Silikon an den tragenden Wandteilen festgeklebt. Je mehr Druck dabei ausgeübt wird, desto besser verteilt sich das Silikon und desto sauberer sieht der Kleberand aus. Möglicherweise hervorgequollener Klebstoff läßt sich nach dem Trocknen mit einer Teppichmesserklinge entfernen. Selbstverständlich ist darauf zu achten, daß die verwendeten Glasstreifen keine scharfen Kanten aufweisen.

Die Abdeckung erfüllt noch einen anderen Zweck. Sie dient als Abtrennung zwischen den gepflegten Tieren und der Beleuchtungsanlage sowie gegebenenfalls einem Heizstrahler. Grundsätzlich muß verhindert werden, daß die Schlangen mit elektrischen Einrichtungen in direkten Kontakt kommen können - Kurzschlüsse oder Verbrennungen sind sonst möglich.

Beleuchtung

Kornnattern sind nachtaktiv - zu was benötigt man also eine Beleuchtung?

Ganz einfach! Ohne Tag gibt es auch keine Nacht, sondern nur Dunkelhaft! Der Wechsel zwischen Tag und Nacht steuert bei jedem Lebewesen den Aktivitätsrhythmus, also den Wechsel zwischen Ruhen und Wachen. Die Anzahl der Tages- und Nachtstunden vermittelt der Schlange weiterhin Informationen darüber, welche Jahreszeit gerade herrscht. Es hat sich wiederholt gezeigt, daß auch nachtaktive Reptilien mit einer guten Tagesbeleuchtung vitaler, widerstandsfähiger gegen Krankheitserreger und fortpflanzungswilliger sind. In einem sehr hellen Raum mit natürlichem Licht-einfall mag man vielleicht ohne künstliche Beleuchtung auskommen, in der Regel ist dies jedoch nicht der Fall.

Am besten eignen sich für unseren Zweck Leuchtstoffröhren vom Typ "Tageslicht". Diese verfügen über eine dem natürlichen Sonnenlicht ähnliche Spektralzusammensetzung einschließlich geringer Anteile im UV-Bereich. Alternativen hierzu finden sich unter den Hochdruck-Quecksilberdampflampen und in der Halogen-Technologie; beide sind jedoch deutlich kostenintensiver und mehr für naturnah gestaltete Großterrarien bis hin zu aufwendigen Paludarien angebracht. Die Leistungsstärke und Länge der Leuchtstoffröhre richtet sich natürlich nach der Größe des zu beleuchtenden Terrariums. Auch ist unter Umständen zu überlegen, ob man nicht vielleicht mehrere kleine Terrarien mit einer großen Leuchtstoffröhre ökonomischer beleuchten kann als mit mehreren kleinen. Die meisten albinotischen Tiere sind sogar mehr oder weniger lichtempfindlich, so daß speziell bei ihrer Haltung auf zuviel Licht verzichtet werden muß.

Die Beleuchtungsdauer orientiert sich im Idealfall an der Tageslichtlänge draußen. Dem Technofreak wird sofort einfallen, daß man hier mit einem am Fenster angebrachten Lichtsensor und einem Relais eine direkte Verbindung schaffen kann. Ansonsten reicht es aber auch völlig aus, das oder die Becken im Sommer etwa 12 bis 14 Stunden zu beleuchten und im Frühjahr und Herbst etwa 9 bis 10. Im Winter reichen vier bis sechs Stunden, und das Licht kann dann auch völlig abge-

schaltet bleiben, wenn der Raum relativ hell ist.

Anzumerken bliebe noch, daß Leuchtstoffröhren mit fortschreitender Betriebsdauer ihre Spektralzusammensetzung verändern. Bei Kornnattern mag das ein zu vernachlässigender Faktor sein, bei einigen anderen Terrarientieren ist es das nicht. Weiterhin sollte nicht unerwähnt bleiben, daß sich die Vorschaltgeräte ("Drosseln") nicht in unmittelbarer Nähe der dazugehörigen Leuchtstoffröhren befinden müssen. Ihre Abwärme kann durchaus zum Beheizen desselben oder anderer Becken verwenden.

Heizung

Wie alle Reptilien sind Kornnattern wechselwarme (poikilotherme) Tiere. Dies bedeutet, daß ihre Körpertemperatur von der Wärmezufuhr aus ihrer Umgebung abhängig ist. Durch gezieltes Aufsuchen von wärmeren oder kühleren Plätzen steuern Reptilien ihre Körpertemperatur innerhalb eines weitaus breiteren Rah-

Während der Reinigungsarbeiten sollte man die Schlangen an einem sicheren Ort unterbringen. Ein hoher, glattwandiger Eimer mit Deckel ist hierzu bestens geeignet.

ISABELLE FRANCAIS

mens als warmblütige Lebewesen wie Säugetiere und Vögel. Der Vorteil dieser Lebensweise liegt darin, daß die Energie des aufgenommenen Futters nicht für die Wärmeproduktion verwendet werden muß, sondern für Aktivität und Wachstum zur Verfügung steht - im Grunde eine Nutzung von Solarenergie seit Millionen von Jahren. Der Nachteil ist die Abhängigkeit von äußeren Faktoren, so daß nur bestimmte Klimazonen bewohnt werden können.

Die direkte Nutzung von Sonnenenergie ist für die Terrarienhaltung nicht praktikabel, denn es kommt viel zu schnell zu einer Überhitzung des beschienenen Behälters durch den Gewächshauseffekt. Diesem Punkt ist beim Aufstellen des Terrariums ganz besondere Aufmerksamkeit zu schenken und durch Maßnahmen, wie Abschatten entgegenzuwirken. Im kleinen Terrarium ist ein Steuern der Wärme durch Sonneneinfall technisch nahezu unmöglich.

Man verläßt sich daher lieber auf eine thermostatgesteuerte Heizung oder eine solche, die eine Temperatur von 24 bis 27 °C aufgrund ihrer Leistung nicht übersteigen kann. Desweiteren ist zu beden-

ken, daß die Tiere ein nächtliches Absenken der Temperaturen zum Wohlergehen benötigen. Eine Schwankung von 3 bis 5 °C zwischen Tag und Nacht ist angemessen. Die meisten Wohnräume weisen nachts auch für die Schlangen angenehme Werte auf. Es ist wohl unnötig zu erwähnen, daß man mit seiner Temperatursteuerung ohne ein Thermometer nicht allzu weit kommt.

Grundsätzlich unterscheidet man zwischen zwei Beheizungsformen, d.h. der Strahlungswärme von oben oder der Erwärmung einer Fläche von unten. Letzteres mag lediglich auf den ersten Blick unnatürlich erscheinen, denkt man nur einmal an die wärmespeichernden Eigenschaften eines sonnenbeschienenen Felsens oder gar einer Asphaltstraße.

Die einfachste Form der Terrarienbeheizung ist wohl der Einsatz einer Glühlampe. Bei der Haltung von Kornnattern und auch vielen anderen Reptilien liegt allerdings der einzige Nutzen in der Wärmeproduktion; die Qualität des abgegebenen Lichts ist für ein Gedeihen der Tiere völlig unzureichend. Ein Nachteil ist die begrenzte Lebensdauer von Glühlampen, insbesondere dann, wenn sie wie hier

Weiche Heimtierstreu eignet sich ausgezeichnet als Bodengrund zur Haltung einer Kornnatter. Es muß jedoch sichergestellt sein, daß es sich um chemisch unbehandeltes Material handelt. Das Foto zeigt eine Kornnatter der Zuchtform "Reverse-Okeetee-Albino".

ISABELLE FRANCAIS

abgeschirmt werden müssen, um zu verhindern, daß die Tiere damit in direkten Kontakt kommen können. Glühlampen eignen sich unter Umständen bestenfalls zu einem allgemeinen Erwärmen eines größeren Bereichs eines Großterrariums, wobei die erforderliche Wattzahl und die Anzahl der Lampen direkt von der Größe des Behältnisses abhängt.

Als nächstes wären die Heizlampen anzusprechen. In diese Kategorie fallen Spotstrahler und Keramikheizer. Beide dienen dazu, an einer bestimmten Stelle Wärme zu erzeugen. Dies kann beispielsweise eine Steingruppe, eine einzelne Steinplatte oder auch ein Ast sein. Der "Sonnenbadeplatz" sollte auf einer Seite des Terrariums liegen, so daß die entgegengesetzte Seite von der Wärmestrahlung nur wenig beeinflußt wird und den Tieren gleichfalls das Aufsuchen einer Stelle zum Abkühlen bietet. Die erwähnten Keramikheizer sind meist nur in großen Leistungsstärken erhältlich, können aber mittels eines geeignet Dimmers auf die benötigte Leistung gedrosselt werden. Ihre Lebensdauer beträgt gewöhnlich etliche Jahre und rechtfertigt damit den höheren Anschaffungspreis. Auch sind dazu passende Reflektoren aus Edelstahl erhältlich, die das Ausrichten der Wärmestrahlung vereinfachen. Aufgrund ihrer sehr hohen Oberflächentemperatur müssen sie unbedingt gegen Kontakt mit den Tieren gesichert sein und dürfen nicht mit Sprühwasser in Berührung kommen. Natürlich ist bei der Installation daran zu denken, daß Plastik auf diese Wärmestrahlung mit Verformung reagiert.

Bei Heizkabeln und -matten haben wir es mit den klassischen Formen der Bodenheizung zu tun. Ursprünglich für Anzuchtbeete in der Zierpflanzenzucht entwickelt, sind diese Heizer heute aus der Terraristik nicht mehr wegzudenken. Gewöhnlich handelt es sich um in Silikon eingegossene Widerstandskabel, flache Blöcke oder mit Aluminiumfolie verkleidete Matten. Insbesondere im Fall der Schlangenhaltung sollten sie stets unter dem Terrarium verlegt werden, damit sich die Tiere nicht in direktem Kontakt überheizen oder gar verbrennen können. Aus Gründen der Betriebssicherheit sollten nur silikonummantelte Heizer zum Einsatz kommen. Will man einen solchen Heizer in einem Terrarium in Holzbauweise verwenden, ist das Verlegen unter dem Terrarienboden wegen der Dämmwirkung von Holz wenig effektiv. Ein gangbarer Weg ist dann ein eingesetzter Zwischenboden aus Glas, der gleichzeitig eine direkte und unsichtbare Zuleitung durch die Rück- oder eine Seitenwand erlaubt. Heizkabel und -matten sind in verschiedenen Längen bzw. Größen und den unterschiedlichsten Leistungsstärken im Fachhandel erhältlich. Fachmännisch installiert -so sollten sich die Schlaufen eines Kabelheizers nicht berühren und die Massebelastung sollte nicht allzu hoch sein- haben sie eine beträchtliche Lebensdauer und sind zu empfehlen. Heizmatten sind auch an einer Seitenwand angebracht verwendbar, sorgen dann allerdings in größerem Maße für eine allgemeine Erwärmung des Terrarieninnenraumes.

Eine Abart der Bodenheizungen ist der sogenannte "Beheizte Stein". Es handelt sich dabei um einen künstlichen Stein, in dem ein Widerstandskabel verlegt ist. Dieser Stein ist den Schlangen direkt zugänglich und dient ihnen als Liegefläche. Auch hier unterscheidet man zwischen verschiedenen Leistungsstärken, Größen und Formen mit entsprechenden Oberflächentemperaturen. Nötigenfalls kann man mit einem Dimmer für die gewünschte Temperatur sorgen. Ein Nachteil bei seiner Verwendung ist der, daß man eine elektrische Zuleitung direkt ins Terrarium verlegen muß.

Bodengrund

Das einfachste Substrat für die Haltung von Kornnattern, besonders für Jungtiere, ist sauberes, saugfähiges Papier. Hierzu eignet sich Haushaltspapier, jedoch ist selbst trockenes, nicht mehr färbendes Zeitungspapier durchaus akzeptabel. Papier ist leicht auswechselbar, sauber und billig. Negativ dabei ist, daß es nicht sehr ansehnlich ist. Es vereinfacht dem Pfleger jedoch die Sauberhaltung des Terrariums und verkürzt den Zeitaufwand der erforderlichen Reinigungsarbeiten auch bei einer größeren Anzahl von Terrarien ganz erheblich.

Kornnattern akzeptieren problemlos eine Vielzahl von Substraten, die von feinem weichen Sand, rundem, keinesfalls scharfkantigem Kies, gehäckseltem Stroh, Hobelspänen, Blumenerde, Rindenmulch, Kunstrasenfliesen, einem Stück alten Teppichs bis zu Torfmoos reichen. Einige Pfleger warnen vor Häutungsproblemen bei der Verwendung von Sand, beobachtet man seine Tiere aber aufmerksam, sollte es zu solchen Problemen nicht kommen. Bei der Haltung von Kornnattern ist stets darauf zu achten, daß das Substrat trocken gehalten wird. Feuchtigkeit führt zu schwerwiegenden Problemen wie die Bläschenkrankheit. Es empfiehlt sich lediglich, in einem der Unterschlüpfe etwas Feuchtigkeit zu schaffen, so daß die Schlange im Bedarfsfall die Möglichkeit hat, eine feuchte Stelle aufzusuchen.

Man wählt also ein Substrat, das die Schlangenhaut nicht reizt, abgesetzten Kot unübersehbar macht und das regelmäßig ausgetauscht werden kann.

Ein Wassergefäß ist für Kornnattern unbedingt erforderlich, da sie bevorzugt aus Wasseransammlungen trinken. Er sollte so groß sein, daß sich das Tier auch gelegentlich hineinlegen kann. Kornnattern sind gute Schwimmer, für Schlüpflinge kann ein zu tiefes, steilwandiges, glattes Gefäß zur Todesfalle werden. Das Wassergefäß sollte täglich gereinigt werden und niemals mit Kot verschmutzt sein.

Kornnattern brauchen Versteckplätze, um sich wohl zu fühlen. Sie graben kaum,

Kornnattern baden nur gelegentlich. Trotzdem sollte ihnen ein stets mit frischem Wasser gefülltes, nicht umzuwerfendes Wassergefäß zur Verfügung stehen.

ISABELLE FRANCAIS.

Trinkwasserbehälter sollten entweder schwer oder kegelstumpfförmig sein, damit sie durch die Aktivitäten der Kornnatter nicht ausgekippt werden können. Anderenfalls wird man täglich das durchnäßte Substrat austauschen müssen. Die Abbildung zeigt eine Gestreifte Albino-Kornnatter.

verkriechen sich aber gern unter Rindenstücken oder flachen Tonschalen. Als Ergänzung zu einigen im Terrarium verteilten flachen Verstecken kann man den Tieren eine Versteckkiste, bevorzugt in der kühlsten Ecke ihres Beckens, anbieten. Dazu eignet sich ein einfacher Plastikbehälter mit einem Eingangsloch und einigen kleinen Lüftungslöchern. Man sollte dabei bedenken, daß Schlangen gerne Kontakt mit den Wänden ihrer Verstecke haben. Als gut geeignet haben sich stumpfkegelige Plastik-Freßnäpfe für Hunde erwiesen. Sie sind erstens Wassergefäße, denn sie lassen sich kaum von den Schlangen umkippen, und zweitens kann man aus dem äußeren Rand ein Stück ausschneiden, so daß darunter ein Versteckplatz entsteht.

Sind diese Einrichtungsgegenstände alle glattwandig, muß noch ein rauher Stein als Häutungshilfe zur Verfügung gestellt werden.

Ein oder mehrere stabile Kletteräste von angemessener Größe und Stärke sind empfehlenswert, da Kornnattern gern klettern. Wichtig ist, daß die Äste fest angebracht werden, und ihre Oberfläche so glatt ist, daß sie sich gut sauberhalten lassen. Zu bedenken ist hierbei, daß durch einen Kletterast die Sicherheitsdistanz zu einem Heizstrahler erheblich verkürzt wird.

Lebende Pflanzen sind in einem Kornnatter-Terrarium nicht erforderlich, einige hübsche Kunstpflanzen können allerdings nicht schaden. Echte Pflanzen sind unter der Wärme der Terrarienbeleuchtung schwer am Leben zu halten, und der Bewegungsdrang und die Lebendmasse einer großen Kornnatter bekommen keiner Pflanze auf die Dauer. Je einfacher das Terrarium gestaltet ist, umso leichter ist es zu reinigen und desto weniger Probleme hat man damit.

Ernährung

In der Natur fressen *Elaphe guttata* Frösche, Echsen und auch große Insekten, die die anfängliche Nahrung für Jungschlangen bilden und die später von kleinen Nagetieren, Fledermäusen und Vögeln abgelöst werden. Die Kornnatter im Terrarium kommt auch ohne eine größere Vielfalt an Futtersorten aus, und in aller Regel erhält sie ausschließlich Mäuse und kleine Ratten. Die Größe der angebotenen Futtertiere richtet sich natürlich nach der Größe der Schlange, d.h. Jungschlangen erhalten nackte Mäusebabys ("Pinkies"), denen mit fortschreitendem Wachstum gerade behaarte ("Fuzzies"), dann bereits mehr oder weniger entwöhnte "Springer" und schließlich ausgewachsene Mäuse folgen. Junge Ratten bis zur Größe einer erwachsenen Maus bieten eine Alternative.

Die meisten Kornnattern nehmen Futter erstmalig kurz nach der ersten Häutung an, die gewöhnlich etwa eine Woche nach dem Schlupf stattfindet. Von diesem Zeitpunkt an sollten sie alle zwei bis drei Tage eine oder vielleicht zwei nackte Mäuse fressen. Erwachsene Exemplare sollten generell einmal wöchentlich gefüttert werden, es sei denn, sie zeigen sich bereits davor wieder hungrig. Kornnattern hören gewöhnlich zu fressen auf wenn sie satt sind.

Fast jede an das Leben im Terrarium gewöhnte Kornnatter frißt aufgetaute Tiefkühlmäuse. Es ist daher nicht zwingend erforderlich, sie ausschließlich mit lebenden Futtertieren zu versorgen. Allerdings muß die gefrorene Beute stets vollständig aufgetaut sein und sollte in angewärmten Zustand angeboten werden.

Die Frage, ob totes oder lebendes Futter vorzuziehen ist, löst unter Terrarianern immer wieder Diskussionen aus. Viele Pfleger bevorzugen das Füttern von bereits toten Mäusen und Ratten mit dem Argument, daß dadurch die Gefahr für eine Verletzung der Schlange vermindert wird. Tatsächlich haben lebende Futtertiere schon wiederholt für schwere Verletzungen und sogar Todesfälle bei den Terrarienbewohnern gesorgt. Allerdings muß dazu auch gesagt werden, daß in solchen Fällen die lebende Beute entweder ohne eigenes Futter über Nacht im Terrarium belassen wurde oder der Pfleger Futtertier und Schlange unbeobachtet über längere Zeit zusammenließ, ohne zu bemerken, daß die Schlange gar nicht hungrig war. Zu Unfällen kann es ebenfalls kommen, wenn mehrere Schlangen in einem Terrarium gleichzeitig gefüttert werden und zwei Tiere die selbe Maus fressen möchten. Dies kann jedoch auch bei toten Futtertieren passieren.

Lebende Beute ist für Schlangen zweifellos artgerechter. Ihr Jagdtrieb bleibt erhalten. Eine frisch abgetötete Maus enthält selbstverständlich alle Stoffe, die eine lebende auch bietet. Wird das Tier jedoch vorübergehend eingefroren, zerstört die Kälte wichtige Vitamine. Diese müssen durch eine Anreicherung der Nahrung mit Multivitaminpräparaten ersetzt werden.

Hat man sich nun für totes Futter entschieden und eine Jungschlange will dieses nicht akzeptieren, so kann man zu einem Trick greifen. Man öffnet die Schädeldecke der toten nackten Maus und läßt das Hirn austreten. Das veranlaßt die allermeisten Schlangen fast umgehend zum Fressen. Eine andere Möglichkeit ist das Verfüttern von blutigen Mäuseschwänzen in den ersten paar Tagen. Komplikationen mit der ersten Futteraufnahme sind der Grund dafür, daß viele Terrarianer bevorzugt etwas ältere Kletternattern erwerben, die bereits an die Aufnahme von Futter gewöhnt sind.

Eine regelmäßige Versorgung mit Vitaminen und Calcium ist wichtig. Meistens liefern die verwendeten Futtermäuse und -ratten bereits alles, was benötigt wird - sofern die Futtertiere selbst mit gutem Futter ernährt worden sind. Im Wachstum befindliche Jungschlangen sollten trotzdem zumindest gelegentlich nestjunge Mäuse bekommen, die vor dem Verfüttern mit einem für Reptilien geeigneten Vitamin-Calcium- Präparat eingestäubt werden. Mit zunehmendem Alter

Viele Pfleger bevorzugen das Anbieten von bereits getöteter Nahrung. Auf diese Weise können die scharfen Nagerzähne keinerlei Schaden anrichten. Lebende Beute zu fangen ist jedoch eine natürliche Verhaltensweise für Schlangen

ISABELLE FRANCAIS

können dann die Calciumgaben reduziert werden; Vitamingaben bleiben jedoch dann unerläßlich, wenn man Tiefkühlfutter bevorzugt.

Man darf man nicht vergessen, daß bei einem zur Zucht verwendeten Weibchen die Produktion der Eischalen zu Lasten des Calciumspiegels erfolgt. Es dürfen jedoch nur Präparate verwendet werden, die sich ausdrücklich als für Reptilien geeignet erwiesen haben oder die speziell für diese hergestellt werden. Selbst bei den richtigen Präparaten ist Maßhalten geboten. Eine Überdosierung kann zu einer Vitaminvergiftung führen, deren Symptome anfänglich denen einer Mangelerkrankung ähneln. Man sollte sich deshalb genauestens an die Dosierungsanweisungen der Packungsbeilage halten oder im Zweifelsfall einen Tierarzt befragen.

Die Zusatzstoffe zu verabreichen ist einfach. Aufgetaute Tiefkühlmäuse wälzt man vor dem Verfüttern einfach in dem entsprechenden Pulver oder injiziert flüssigen Präparate in die Leibeshöhle. Bei großen, lebend zu verfütternden Futtertieren schmiert man dem betreffenden Opfer einige Stunden vor dem Verfüttern den Bauch mit dem entsprechenden Präparat ein. Da Mäuse und Ratten sehr reinlich sind, wird sich das Tier umgehend sauberlecken, so daß das Präparat dann in seinem Organismus verborgen ist.

Futtermäuse und -ratten erhält man meistens ohne größere Probleme in mit Reptilien handelnden Zoofachgeschäften oder von privaten Züchtern. Das Selberzüchten rentiert sich eigentlich nur bei größeren Beständen von nagetierfressenden Reptilien. Wichtig sind Quantität, Qualität und Größe der Futtertiere. Es ist beispielsweise wenig hilfreich, jede Menge große Mäuse zur Verfügung zu haben, wenn es darum geht, Jungschlangen zu füttern. Sofern es nicht sicher ist, daß man das geeignete Futter jederzeit kurzfristig beschaffen kann, gibt es eigentlich nur zwei Lösungen - entweder Tiefkühlvorräte anlegen oder selbst Mäuse züchten. Letzteres ist dabei vielleicht die beste, denn sie bedeutet Unabhängigkeit und absolute Kontrolle über das, was die Mäuse fressen. Gesund ernährte Futter-

tiere sind gesundes Futter. Natürlich ist das mit Arbeit verbunden, denn vernachlässigte Mäusezuchten sind eine Geruchsbelästigung und wenig ergiebig. Möglicherweise ergibt es sich, daß mehrere Schlangenpfleger eine Mäusezucht gemeinsam betreiben, so daß sich der Arbeitsaufwand für den Einzelnen in Grenzen hält, und jeder Beteiligte seinen Vorteil daraus hat. Nicht sofort benötigte Mäuse tötet man durch Genickbruch und friert sie für später ein.

Anzumerken ist an dieser Stelle, daß auch die Futtertiere ein Anrecht darauf haben, ihren Ansprüchen gemäß untergebracht und gepflegt zu werden. Es ist ebenso verwerflich, eine lebende Futtermaus nicht sauberzuhalten oder gar jämmerlich in der Tiefkühltruhe erfrieren zu lassen, wie eine Schlange mutwillig dem Hungertod preiszugeben. Beides ist Tierquälerei und dazu angetan, dem Ruf der Terraristik in der Öffentlichkeit schwer zu schaden.

Kornnattern sind nachtaktiv und fressen daher bevorzugt nach dem abendlichen Abschalten der Beleuchtung. Da es sich jedoch um anpassungsfähige Tiere handelt, stellt auch das Füttern am Tage bei den meisten Exemplaren kein Problem dar. Anfangs sollte man totes Futter mit einer langstieligen Pinzette anbieten. Nachdem man seine Tiere und deren individuelle Charaktere im Laufe der Zeit kennengelernt hat, kann man dann hierauf meistens auch noch verzichten und sie von Hand füttern.

Zecken und Milben

Während man Zecken unter normalen Umständen allenfalls auf einem Wildfang *E. guttata* finden wird, ist die Möglichkeit für einen Milbenbefall immer gegeben. Nicht selten gehen Milben und unsaubere Verhältnisse miteinander einher, ein Aspekt, der beim Erwerb eines Tieres Beachtung finden sollte. Da es nachtaktive Parasiten sind, entdeckt man sie oftmals erst sehr spät und dann ist es höchste Zeit, etwas dagegen zu unternehmen. Milben sind winzige, gewöhnlich rote oder bräunliche kugelige Spinnentiere, die sich mit dem Kopf zwischen den Schuppen in die Haut ihres Wirtes hineinbohren und

ISABELLE FRANCAIS.

Kornnattern töten ihre Beute durch Erwürgen und sind dabei sehr effizient.

sich so von seinem Blut ernähren.

Die klassische Vernichtungsmethode für Milben bestand lange Zeit aus der Verwendung eines Stücks Insektenstrip, der in einem Tee-Ei oder einem anderen verschlossenen, aber luftdurchlässigen Behälter über das Terrarium gehängt wurde. Die freiwerdenden Gase töteten die Parasiten innerhalb von wenigen Tagen. In dieser Zeit durfte sich jedoch kein Wasser im Becken befinden. Diese Prozedur mußte nach etwa 10 Tagen wiederholt werden, da der Wirkstoff zwar die Milben, nicht jedoch deren Eier umbringt. Da diese Insektenstrips heute jedoch kaum noch erhältlich sind und verschiedentlich auch Bedenken hinsichtlich der Verträglichkeit für Reptilien lautwurden, muß man nach anderen Alternativen Ausschau halten.

Als sehr effektives Mittel gilt beispielsweise Permectrin, ein synthetisches Pyrethrin (Pyrethrin ist ein aus pflanzlichen Stoffen hergestelltes Pestizid), das von "Öko-Gärtnern" wegen seiner schnellen Abbau-

barkeit sehr geschätzt wird. Bei richtiger Anwendung ist es auch für Terrarientiere harmlos und sehr wirkungsvoll. Es kann über einen Tierarzt bezogen werden, muß allerdings nicht in der vorgeschriebenen Weise, sondern in unserem Fall in einem Mischungsverhältnis von 1 : 100 mit destilliertem Wasser verdünnt werden. Diese Lösung wird in eine Sprühflasche gefüllt und die Schlange damit eingesprüht. Anschließend wird das Tier abgetrocknet, so daß es zwar noch feucht, jedoch nicht mehr triefend naß ist. Dann wird es zurück in ein Quarantänebecken gesetzt und wie gewöhnlich warm gehalten. Mit dieser Lösung können auch das Terrarium und alle darin befindlichen Gegenstände behandelt werden; das Bodensubstrat muß allerdings in jedem Fall ausgetauscht werden.

Zecken werden mit Hilfe einer Pinzette dicht hinter dem Kopf gegriffen und durch leichtes Drehen in entgegengesetzter Uhrzeigerrichtung entfernt.

Selbst wenn man nur mit einer Kornnatter als besonders ausgefallenes "Haustier" begonnen hat - irgendwann entdeckt man mit das Interesse an der Vermehrung seiner Pfleglinge. Allerdings sollte man sich darüber klar sein, daß damit kein Vermögen zu verdienen ist. Die Zuchtformen der Kornnatter erzielen nur solange gute Preise, wie sie neu und rar sind. Neue Farbschläge sind jedoch fest in der Hand spezialisierter professioneller Züchter, die sich längst mit "Weiterentwicklungen" befassen, wenn die eigenen Tiere der einst so spektakulären Neuerung endlich zur Zucht bereit sind. Die Entwicklung "neuer Kornnattern" andererseits erfordert in aller Regel mehrere Generationen des Experimentierens und damit einhergehend zahllose Fehlschläge in Form von, ökonomisch betrachtet, nahezu wertlosen Mischlingen, an denen keiner interessiert ist, es sei denn ein Pfleger schlangenfressender Schlangen. Desweiteren benötigt jede Generation wenigstens zwei Jahre bis zur Fortpflanzungsfähigkeit. Währenddessen vertilgt jedes Tier zwischen 80 und 150 Futtermäuse, die schließlich ebenfalls Kosten verursachen, auch wenn man sie selbst züchtet. Und letztendlich bestehen auch bei allem Aufwand nur geringe Chancen, daß man tatsächlich eines Tages eine neue Kornnatter kreiert, die eine Marktchance hat. Will man sich trotzdem in dieser Richtung versuchen, ist eine genaue Führung von Zuchtbüchern absolut unerläßlich. Außerdem muß man über die räumliche und zeitliche Kapazität verfügen, eine große Anzahl von Jungtieren gleichzeitig aufzuziehen. Ein solides Grundwissen über die Vererbungsgesetze ist für ein planmäßiges Vorgehen natürlich ebenfalls erforderlich. Die mit einem solchen Projekt verbundenen Details zu diskutieren, ist im gegebenen Rahmen dieses Buches offensichtlich völlig unmöglich. Der andere Beweggrund zur Vermehrung von Kornnattern ist das Erfolgserlebnis. Vielleicht ist man auch nur neugierig, wie das so alles funktioniert, oder man möchte neue Techniken bei der Eizeitigung ausprobieren. Einige private Züchter stellten beispielsweise eine erstaunliche Konstanz im Verhalten von miteinander verwandten Weibchen vor und nach der Eiablage sowie eine Synchronisation der ersten Häutung bei den Jungtieren fest. Womit belegt ist, daß es auch bei den angeblich bestens erforschten Arten immer noch neues zu entdecken gibt.

Geschlechtsdiagnose

Die Grundvoraussetzung zur Fortpflanzung ist natürlich der Besitz eines geschlechtsreifen Pärchens. Vor Erreichen eines Alters von 18 bis 24 Monaten ist die Geschlechtsbestimmung bei Kornnattern allerdings bisweilen ein Problem, da die typischen Merkmale noch nicht deutlich entwickelt sind. Grundsätzlich haben die Männchen längere und schlankere Schwänze, die sich von der Schwanzwurzel gleichmäßig zur Spitze hin verjüngen. Im Vergleich dazu ist der Schwanz eines Weibchens an der Basis abgesetzt und kürzer. Der Grund dafür liegt im komplexen Bau des männlichen Begattungsorgans. Es handelt sich dabei um einen nahe seiner Basis gespaltenen Penis, dessen zwei Hälften man als Hemipenes bezeichnet. Diese sind normalerweise in zwei Taschen eingezogen, die sich vom Kloakenspalt in den Schwanz erstrecken. In ihrer Struktur sind die Hemipenes selbst hohle Taschen mit dornenartigen und tuberkulären Fortsätzen an der Außenseite, welche eine sichere Verankerung in der Kloake des Weibchen während einer Paarung ermöglichen. Außerdem besitzt jeder Hemipenis eine Rinne, über welche das Sperma auf das Weibchen übertragen wird. Wie gesagt, ruhen die Hemipenes bei Nichtgebrauch in Taschen nahe der Schwanzwurzel, so daß der Übergang vom Körper zum Schwanz fließend gleichmäßig aussieht. Im Vergleich hierzu besitzt das Weibchen an der gleichen Stelle lediglich ein Drüsenpaar, das zur Produktion von Sexualpheromonen dient. Die Duftsubstanz hinterläßt beim Herumkriechen eine unsichtbare Spur auf dem Boden und signalisiert dem Männchen die Fortpflanzungsbereitschaft des Weibchens. Folgt es der Spur, trifft es irgendwann auf das Weibchen und erkennt dann auch weitere Geruchsstoffe, die von Hautdrüsen abgegeben werden. Auf diese Weise wird in der

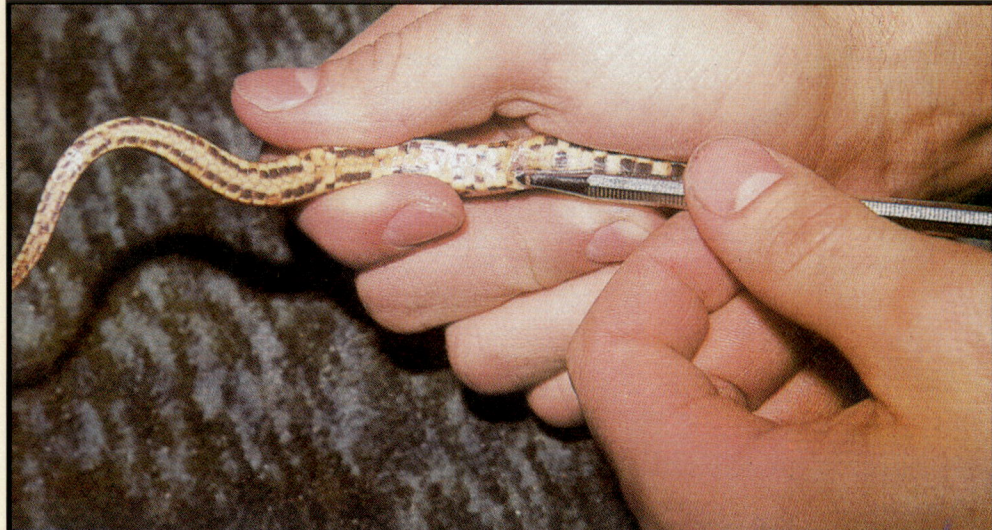

JEFF GEE.

Die Geschlechtsdiagnose mittels einer Sonde ist die zuverlässigste Möglichkeit. Aufgrund der damit verbundenen Risiken ist sie nur dem erfahrenen Terrarianer zu empfehlen.

Natur sichergestellt, daß die normalerweise solitär lebenden Geschlechtspartner in der Paarungszeit zusammenfinden. Die Duftdrüsen des Weibchens nehmen erheblich weniger Raum im Schwanz ein als die Hemipenes des Männchens, wodurch der abruptere Übergang vom Körper zum Schwanz erklärt ist.

Da die Taschen auch unterschiedlich weit in den Schwanz hineinreichen, ergibt sich eine meßbare Unterscheidungsmöglichkeit der Geschlechter. Zu diesem Zweck wird eine dünner Edelstahlsonde mit kugeliger oder runder Spitze in eine Tasche im Schwanz eingeführt. Dringt sie nur ein kurzes Stück ein, d.h. auf die Tiefe von nur ein oder zwei Subcaudalia und trifft dann auf Widerstand, handelt es sich um die Duftdrüse des Weibchens. Reicht sie weiter hinein, d.h. sechs oder acht Schuppen auf der Schwanzunterseite, ist es ein Männchen. Das Sondieren birgt allerdings ein Verletzungsrisiko für das Tier, denn der erwähnte Widerstand besteht lediglich aus einer Hautmembran. Wird die Sonde zu unvorsichtig eingeführt, kann diese Haut schnell durchstochen werden. Erschwerend hinzu kommt, daß sich die Schlange dem Haltegriff des Pflegers zu entziehen ver-

sucht und dadurch selbst ein weiteres Verletzungsrisiko verursacht.

Sondieren sollte man sich in der Praxis von einem erfahrenen Terrarianer zeigen lassen und unter dessen Anleitung selbst das nötige Gefühl dafür entwickeln. Nicht zu vergessen ist, daß hierbei medizinische Hygiene erforderlich ist, d.h. die Sonde muß vor jedem Einsatz desinfiziert werden, anderenfalls besteht ein Infektionsrisiko. Gleichfalls verwendet man ein medizinisches Gel, um die Sonde gleitfähig zu machen.

Letztendlich bleibt zu erwähnen, daß die Weibchen gewöhnlich eine größere Gesamtlänge als die Männchen erreichen. Dieses Unterscheidungsmerkmal ist jedoch nur bei ausgewachsenen gleichaltrigen Tieren deutlich. Zu bedenken sind Degenerationserscheinungen in den einzelnen Zuchtstämmen, worunter auch Zwergenwuchs fällt.

Überwinterung

Ungeachtet der vielen Generationen in einer künstlichen Umwelt, reagieren Kornnattern noch immer auf die mit dem Jahresverlauf einhergehenden klimatischen Veränderungen. Sie benötigen diese Wechsel sogar in gewissem Maße für die

Bildung von fertilen Ei- und Spermazellen. Zwar kann es auch ohne die Simulation von Jahreszeiten zu einer erfolgreichen Fortpflanzung kommen, die Aussichten sind jedoch größer, gibt man den Tieren die Möglichkeit zu einer Stoffwechselpause während einer Winterruhe. In der Natur werden *Elaphe guttata* in den meisten Teilen der Gesamtverbreitung im Spätherbst, d.h. etwa im November, zunehmend inaktiv. Sie suchen sich einen Unterschlupf in einem verrottenden Baum, einer Höhle oder einem Hausfundament, der voraussichtlich frostsicher ist und verfallen mit sinkender Temperatur in Kältestarre mit auf das Minimum reduzierten Körperfunktionen. Diese Phase wird erst wieder durch Einsetzen wärmerer Witterung im folgenden Frühjahr beendet. Unterbricht eine Warmluftfront die Kälte des Winters, kann man mit etwas Glück eine *E. guttata* beim Sonnenbaden beobachten.

Für die größten Erfolgsaussichten bei der Vermehrung sollte man seinen Tieren eine etwa zehn- bis zwölfwöchige Ruhephase in einem simulierten Winter gönnen. Hierzu senkt man im Laufe des Novembers die Haltungstemperaturen während des Tages auf etwa 16 bis 18 °C. Gleichzeitig verkürzt man die Beleuchtungsdauer auf zunächst neun, dann sechs Stunden und stellt jegliche Futtergaben ein; lediglich Trinkwasser sollte jederzeit zur Verfügung stehen. Schließlich löscht man die Beleuchtung völlig. Von nun an sollten die Werte bis Februar nicht mehr steigen. Wenngleich das kritische Minimum bei etwa 4 °C liegen dürfte, sind derart tiefe Temperaturen nicht erforderlich, ja sogar eher gefährlich.

Zur Beendigung der Winterruhe hebt man die Temperaturen langsam wieder auf Normal und die Beleuchtungsdauer wird wieder verlängert. Nach etwa zwei Wochen kann dann auch erstmals Futter ange-

Aus einer Paarung zwischen einer amelanistischen und einer wildfarbenen Kornnatter sollte eine Mischung von Jungtieren wie diese hervorgehen. Auch die "normal" aussehenden Nachzuchten sind hierbei jedoch heterozygote Träger des mutierten Gens.

K. T. NEMURAS.

boten werden. Während der Übergangsphase ist es wichtig, daß die Schlangen stets die Möglichkeit zum Trinken und Baden haben, denn sie müssen sich der während der Winterruhe in den Nieren angesammelten Stoffwechselprodukte entledigen. In der Regel erfolgt einige Zeit nach Beendigung dieser Phase eine Häutung. Hierdurch wird der Beginn der Paarungssaison angezeigt.

Paarung

Das Paarungsverhalten ist bei allen Schlangen ziemlich stereotyp und folgt grundsätzlich dem gleichen Muster; die Unterschiede liegen im Detail. Das Männchen verfolgt das Weibchen, reibt seine Kinnpartie an ihrem Körper und züngelt in sichtlicher Erregung. Das Weibchen mag sich anfangs durch Flucht zu entziehen versuchen, ist es jedoch paarungsbereit, gibt es seine scheinbare Abneigung schnell auf. Da in der Natur das Männchen das Weibchen aufspüren muß, ist es logisch, es in das Terrarium des Weibchens zu setzen, falls die Tiere ansonsten separat gehalten werden. Tatsächlich ist die getrennte Haltung der Partner sogar von Vorteil für die Vermehrung. Im Gegensatz zu anderen Vertretern der Gattung *Elaphe*, wie *E. vulpina*, kommt es bei der Kornnatter nicht zu einem Festhalten des Weibchens mit einem Nacken- oder Rückenbiß. Hier kriecht das Männchen lediglich auf dem Weibchen herum, letzteres signalisiert seine Paarungsbereitschaft durch Anheben des Schwanzes. Das Männchen manövriert nun seinen Schwanz unter die Kloake des Weibchens, und das Männchen führt einen seiner Hemipenes ein. Die erwähnten Hautfortsätze sorgen dann für eine feste Verankerung und garantieren die Übertragung von Sperma. Die Partner bleiben auf diese Weise für mindestens 15, meistens jedoch für etwa 30

Vor Erreichen eines Alters von 18 bis 24 Monaten müssen Kornnattern nicht zwingendermaßen überwintert werden. Das Foto zeigt eine anerythristische Zuchtform, die auch als "Black Albino" bezeichnet wird.

K. T. NEMURAS.

Schlangenzucht in großem Stil bei einem amerikanischen Terrarianer. Ganze Räume sind zur Unterbringung der Tiere und auch zum Erbrüten der vielen Gelege erforderlich. Wie man erkennt, verwendet dieser Züchter Vermiculit als Inkubationssubstrat. Foto: Isabelle Francais mit Dank an Bill und Marcia Brant

Minuten verbunden. Bisweilen kann es auch mehrere Stunden dauern, bis sie sich schließlich wieder trennen.

Während der folgenden Wochen kann man die Schlangen wiederholt zusammenbringen und weitere Paarungen ermöglichen. Da keinerlei Partnerbindung existiert, kann ein Männchen zum Befruchten mehrerer Weibchen verwendet werden. Sofern man nicht gezielt Erbanlagen zweier bestimmter Tiere vermischen will, kann man dem Weibchen auch noch Paarungen mit anderen Männchen erlauben.

Eiablage

Etwa 60 Tage nach erfolgter Befruchtung, gewöhnlich Ende April oder Anfang Mai, schreitet das Weibchen zur Eiablage. Die meisten Weibchen stellen spätestens zwei oder drei Wochen vor diesem Ereignis die Futteraufnahme ein und häuten sich noch einmal. Jetzt ist der Zeitpunkt gekommen, eine geeignete Ablagemöglichkeit zu schaffen. Kornnattern wählen dazu bevorzugt ein feuchtes dunkles Versteck aus. Um diesem Instinkt zu entsprechen, stellt man eine dunkle, mit feuchtem (nicht nassem) Torfmoos gefüllte Kiste in das betreffende Terrarium, die eine Eingangsöffnung im Deckel hat. Steht der Schlange keine geeignete Ablagemöglichkeit zur Verfügung, kann es im schlimmsten Fall zu Legenot kommen und damit zu einer lebensgefährlichen Situation für das Tier. Im anderen Fall verstreut das Weibchen seine Eier willkürlich im Terrarium, wo sie in kürzester Zeit vertrocknen.

Die Gelegegröße schwankt zwischen vier und fünf Eiern bei einem jungen Weibchen und mehr als 30 bei einem großen, älteren Tier. In gleicher Weise können auch die einzelnen Eier einander ziemlich unähnlich sehen, d.h. es gibt langgestreckt zylindrische wie auch nahezu kugelrunde in verschiedenen Größen. Im Normalfall handelt es sich um etwa 4 cm große langgestreckte Eier, jedoch treffen weder die Form noch die Größe eine Aussage über die Lebensfähigkeit des darin enthaltenen Fetus. Auch kann dasselbe Weibchen bei jedem Gelege Eier verschiedener Form, Größe und Anzahl pro-

Die Eier von Kornnattern sind schneeweiß und ledrig beschalt. Ihre Form kann sowohl langgestreckt oval als auch kugelig oval sein. Ein Gelege kann aus nur vier oder fünf oder auch aus bis zu 30 Eiern bestehen, die meistens zu Klumpen miteinander verklebt sind und nicht getrennt werden dürfen.

ISABELLE FRANCAIS.

R. T. ZAPPALORTI.

Der große Moment ist gekommen. Nach ungefähr 60 Tagen Inkubationszeit stecken die ersten Babys ihre Köpfe aus den von ihnen aufgeschlitzten Eischalen.

duzieren. Bisweilen und keinesfalls als Regel kommt es - ohne daß eine erneute Paarungs stattgefunden hätte - zu einem weiteren Gelege im Laufe des gleichen Jahres, welches mit gespeichertem Sperma befruchtet wurde. Das Zweitgelege ist zumeist kleiner als das Frühjahrsgelege. Eine oder anderthalb Wochen nach dem Absetzen der Eier häutet sich das Weibchen erneut und kehrt zum gewohnten Freßverhalten zurück. Man sollte es anfänglich mit kleineren Futtermäusen als gewöhnlich versorgen, um sein Verdauungssystem nicht übermäßig zu belasten. Erst nach dieser Übergangsphase kann man dann wieder das gewohnte Futter anbieten. Zu bedenken ist, daß das Tier sich von einem Substanzverlust erholen muß und demzufolge hungriger als gewöhnlich ist. Auch sollte man es jetzt, genau wie während der Trächtigkeit, weitgehend in Ruhe lassen und keinem unnötigen Streß aussetzen.

Eier und Jungtiere

Die weißen, von einer glatten oder mit kristallinen Einschlüssen versehenen, ledrigen Schale umgebenen Eier werden dem Terrarium entnommen, denn Kornnattern betreiben keinerlei Brutpflege. Hierbei sollte man nicht versuchen, zusammengeklebte Eier zu trennen oder in ihrer Lage zu verändern. Sicherheitshalber kann man den obersten Punkt eines jeden Eies vor dem Herausnehmen mit einem weichen Bleistift markieren. Das eine oder andere Ei mag eine Delle oder Falte aufweisen, jedoch ist dies kein Grund zur Besorgnis. Im Laufe der weiteren Entwicklung werden solche Deformationen gewöhnlich ausgeglichen.

Die Eier werden in einen Brutkasten überführt. Dieser kann aus einer aufwendigen, elektronisch kontrollierten Konstruktion bestehen oder auch eine simple Plastikschachtel mit ein paar Luftlöchern sein. Wichtig ist nur, daß eine annähernd gleichbleibende Luftfeuchtigkeit nahe dem Sättigungspunkt herrscht, ein Luftaustausch möglich ist und daß sich die Temperaturen zwischen 22 und 27 °C bewegen. Erheblich darüberliegende Werte stellen für die Eier eine Gefahr dar; kurzfristig niedrigere verlangsamen hingegen nur die Entwicklung. Generell läßt sich feststellen, daß konstant im oberen Bereich der Schwankungsbreite liegende Temperaturen die Embryonalentwicklung beschleunigen, solche im unteren Bereich sie verlangsamen. Bevorzugt man einen Tag- Nachtwechsel der Werte, liegt die Inkubationsdauer zwischen den Extremen. Viele Pfleger schwören darauf, daß bei letzterer Vorgehensweise die kräftigsten Jungtiere schlüpfen.

Als Inkubationssubstrat haben sich eine Reihe von völlig verschiedenen Materialien als geeignet erwiesen. Dazu gehören feuchte Papiertücher, Sand und diverse Sandgemische, Torf, Sphagnummoos, Schaumstoff, Hydrogranulat aus der Zimmerpflanzenkultur oder der Baustoff Vermiculit. Moos, Hydrogranulat und Vermiculit haben dabei den großen Vorteil,

Feuchtigkeit gut aufzunehmen und nur langsam wieder an ihre Umgebung abzugeben, oftmals so langsam, daß es für die gesamte Inkubationsdauer der Eier reicht. Die Eier werden zu einem Drittel im Substrat eingebettet, im Fall von Eierklumpen kann man auch den ganzen Haufen einfach auf das Substrat legen. Da es sich bei der Eischale um ein lebenswichtiges Organ des Keimlings handelt, welches einen Gasaustausch und eine Feuchtigkeitsaufnahme ermöglicht, führt ein völliges Vergraben der Eier in einem durch Feuchtigkeit verfestigten Substrat zum Ersticken des Fetus. Diese Gefahr ist bei weichen Substraten höher als bei körnig harten. Das Inkubationsmaterial wird natürlich vor dem Einbringen der Eier durchgefeuchtet und temperiert. Bei Vermiculit beträgt das Mischungsverhältnis etwa ein Teil Wasser auf zehn Teile Vermiculit. Beobachtet man während der Inkubation die Bildung von Dellen an den Eiern, ist der Feuchtigkeitsgehalt des Substrates zu weit gesunken und erfordert ein erneutes Anfeuchten. Hierzu wird das

Nach dem Aufschlitzen der Eischale bleiben die Jungtiere gewöhnlich noch etliche Stunden in ihren Eiern. Sie resorbieren währenddessen das restliche Eidotter, atmen jedoch bereits Luft.

K. T. NEMURAS.

Substrat direkt befeuchtet, keinesfalls jedoch die Eier. Nach kurzer Zeit sollten die Dellen dann wieder ausgeglichen sein. Der gewählte Behälter mit Substrat und Eiern wird so abgedeckt, daß ein geringfügiger Luftaustausch gewährleistet ist. Er wird an einem entsprechend temperierten oder beheizten Platz aufgestellt. Gelegentliches Lüften ist vorteilhaft, sofern es dabei nicht zu großen Temperaturschocks kommt. Die Eier sollte man während dieser Zeit nur dann handhaben, wenn es absolut nicht zu vermeiden ist. Ab dem fünfzigsten Tag kann man dann frühestens mit dem Schlupf der Schlangenbabys rechnen. Bei sehr niedrigen Temperaturen kann es jedoch auch mehr als 100 Tage dauern, bis die Eier schlupfreif sind. Die Jungtiere schlüpfen nicht alle zur gleichen Zeit, sondern ihr Schlupf kann sich durchaus auf mehrere Tage verteilen. Je konstanter die Bedingungen während der Inkubation für alle Eier eines Geleges gehalten wurden, desto synchroner erfolgt der Schlupf der Jungschlangen. Man sollte also nicht voreilig sein und noch nicht geschlüpfte Eier als verdorben betrachten.

Kurz vor dem Schlupf ist oft zu beobachten, daß die Eier etwas einsinken oder zu "schwitzen" beginnen. Als nächstes erkennt man dann ein Einschnitt meist auf der Längsseite des Eies, der von den Aktivitäten der Jungschlange herrührt. Diese besitzt an der Schnauzenspitze einen Eizahn, mit dessen Hilfe sie die Eischale von innen aufschneiden kann. Der Eizahn dient ausschließlich diesem Zweck und fällt bereits etwa eine Stunde nach dem Öffnen des Eies ab. Die Jungschlangen kriechen dann jedoch nicht etwa sofort aus dem Ei heraus, sondern verweilen meist noch mehrere Stunden oder sogar einen ganzen Tag darin und stecken nur den Kopf heraus. Man sollte sie unbedingt gewähren lassen, denn während dieser Zeit resorbieren sie die Reste des Eidotters, und der Nabel beginnt sich zu schließen. Von dieser Reserve werden sie bis nach der ersten Häutung leben. Normalerweise sollten alle Eier eines Geleges innerhalb einiger Tage geschlüpft sein.

Ist das nicht der Fall, kann man gegebenenfalls überfällige vorsichtig mit einer kleinen Schere aufschneiden. Allerdings wird man dabei meistens nur schwächliche Jungtiere ans Licht bringen. Auch in der Natur kommen bei weitem nicht alle Eier jedes Geleges zum Schlupf.

Die Größe frischgeschlüpfter Kornnattern variiert ganz erheblich, nämlich zwischen 25 und 35 cm. Die erste Häutung findet nach rund einer Woche statt. Die allermeisten Tiere nehmen danach das erste Mal Futter an. Die erste Fütterung kann sich als Problem erweisen, denn während einige Tiere anstandslos eine tote oder eine lebende neugeborene Maus akzeptieren, sind andere nur mit blutigen Mäuseteilen zum Fressen zu bewegen. Nicht selten hilft das Anbieten einer toten Maus mit geöffneter Schädeldecke. Der Geruch von Hirn und Blut hat oftmals auch auf Jungtiere eine unwiderstehliche Anziehungskraft. Manche Exemplare wollen jedoch nur von kleinen Echsen oder Fröschen etwas wissen, und die einzige Alternative hierzu ist das Zwangsfüttern. Der Anfänger wird mit dieser Situation vermutlich überfordert sein, und ihm sei geraten, sich an einen erfahreneren Schlangenpfleger zu wenden.

Eine gesunde und gut ernährte Kornnatter wird nach anderthalb bis zwei, spätestens jedoch mit drei Jahren geschlechtsreif. Nach drei bis vier Jahren verlangsamt sich das Längenwachstum drastisch. Wie alle Schlangen wachsen Kornnattern jedoch bis zum Lebensende stetig weiter, wenngleich so langsam, daß man es kaum bemerken wird. Auch ist damit zu rechnen, daß sich Färbung und Zeichnung im Laufe des Älterwerdens verändern; bei manchen Zuchtformen in größerem Maße als bei anderen.

Das Festhalten aller Daten einer gelungenen oder auch einer mißlungenen Zucht kann sich bei weiteren Zuchten als hilfreich erweisen. Wie erläutert, läßt sich mit der Zucht von Kornnattern kaum das große Geld verdienen. Ungeachtet dessen ist sie zweifelsfrei interessant und lehrreich.

Ein Albino wenige Minuten nach dem Auftrennen der Eischale. Bei genauem Hinsehen kann man noch den winzigen Eizahn direkt unter der Schnauzenspitze erkennen.

JIM MERLI.

Die Beliebtheit der Kornnatter ist zu einem großen Teil der Tatsache zuzuschreiben, daß es sie in so vielen Färbungen und Zeichnungsmustern gibt. In dieser Hinsicht ist sie unter den Terrarientieren einzigartig.

Aus Gründen des zur Verfügung stehenden Platzes ist es nicht möglich, hier jede einzelne Zuchtform im Detail zu berücksichtigen. Auch muß bereits an dieser Stelle darauf hingewiesen werden, daß es keine standardisierten Bezeichnungen für die einzelnen Varietäten gibt, d.h. die mehr oder weniger gleiche Form kann unter verschiedenen Handelsnamen angeboten werden. Bisweilen hat jeder einzelne Züchter einen eigenen Namen für die gleiche Varietät. Da diese Zuchtformen nahezu ausschließlich aus den USA stammen, sollen hier die ursprünglichen Bezeichnungen Verwendung finden, um nicht durch neue oder übersetzte Begriffe weitere Verwirrung zu verursachen. Diese Namen sind auch im nicht-englischsprachigen Europa geläufig, wenngleich manche von ihnen fachlich nicht korrekt sind. Nicht unerwähnt bleiben darf, daß längst bekannte Zuchtformen gelegentlich unter einem neuen Namen auftauchen. Hierbei handelt es sich gewöhnlich um Strategien zur Förderung des Verkaufs, wobei der Zufriedenheit des Kunden nur wenig Bedeutung zugemessen wird.

Mit jeder neuen Färbungs- oder Zeichnungsvarietät ergibt sich für die Züchter die Möglichkeit, diese mit allen anderen Formen zu kreuzen und auf diese Weise eine ganze Reihe von neuen Kornnattervarianten zu erzeugen. Gewöhnlich folgt daher auf jede Neuentdeckung eine Flut von neuen Namen.

Die häufigsten angebotenen Kornnatter-Zuchtformen basieren auf wenigen Grundtypen. Hierbei handelt es sich um Albinos, anerythristische, amelanistische und gestreifte (striped) Formen. Daneben sieht man auch immer noch mehr oder weniger normalgezeichnete Exemplare, bei denen lediglich die Farben und die Klarheit der Zeichnung durch Auswahlzucht verstärkt worden sind. Unter die letzteren fallen auch die sogenannten "Okeetee"-Kornnattern (sprich „Ohkitie"), die auf einen eigenen Ursprung zurückzuführen sind. An dieser Stelle wollen wir uns auf diese Grundformen und ihre hauptsächlichen Variationen beschränken.

Farbformen

Zum besseren Verständnis wollen wir uns zunächst ein paar Definitionen anschauen. Ein Albino, eine albinotische Schlange ist ein Tier, welchem alle Pigmente in der Haut fehlen. Meist werden aber Tiere, deren Melanin -ein dunkles Pigment- fehlt (=amelanistische) bereits als Albinos bezeichnet. Solchen Tieren fehlen als Beispiel die schwarzen Ränder um die Sattelflecken des Rückens, und meistens ist die Bauchseite rein weiß. Melanin wird in besonderen Zellen, den Melanophoren, produziert, die sowohl in den oberen als auch in den unteren Hautschichten liegen. Als Folge fehlenden Melanins treten die anderen Farbpigmente, d.h. Erythrin (Rot) und Xanthin (Gelb), verstärkt in Erscheinung. Je nachdem, welche Melanophoren funktionslos sind, kann dies unterschiedlich stark ausgeprägt sein. Diese genetische Anomalie unterliegt einer hohen Variabilität und ist der Grund dafür, daß sich selbst die Geschwister ein und desselben Geleges nicht gleichen. Albinos haben grundsätzlich rosafarbene Augen mit einer roten Pupille.

Albinismus ist eine komplexe Erscheinung mit etlichen Formen der Ausprägung. Diverse albinotische Formen lassen sich daher nicht aufgrund ihrer äußerlichen Erscheinung unterscheiden, sondern erfordern Zuchtexperimente oder genetische Analysen, um Unterschiede aufzudecken.

Der Farbstoff Melanin entsteht durch Umwandlung der Aminosäure Tyrosin unter Einfluß des Enzyms Tyrosinase. Jede genetische Veränderung, die diese chemische Reaktion verhindert, führt also zu Albinos. Da Albinismus und andere Farbfehler nicht dominant sind, kann es passieren, daß bei der Kreuzung von zwei scheinbar gleichen Albinos normal gefärbte und gezeichnete Nachkommen erzeugt werden. Diese verfügen jedoch gewöhnlich über äußerlich nicht sichtbare Erbanlagen, welche beim Wei-

ISABELLE FRANCAIS.

Albino-Kornnattern sind wahrscheinlich die am häufigsten gezüchteten albinotischen Schlangen der Welt. Allein in den USA werden jährlich Tausende davon verkauft.

terzüchten erneut Albinos entstehen lassen können.

Um diese komplizierten Zusammenhänge noch weiter zu komplizieren, kann Albinismus auch auf nur einige Melanophoren oder solche in einem bestimmten Bereich beschränkt sein. Beispielsweise existiert von der Pilotnatter *(Elaphe obsoleta)* eine albinotische Zuchtform, die kräftig beigefarben ist. Ein Albino muß also nicht zwingendermaßen schneeweiß sein - die Bezeichnung bezieht sich lediglich auf das Fehlen von Farbstoffen. Tatsächlich gibt es kaum eine wirklich weiße Kornnatter, denn es sind ja auch noch die anderen Farbstoffe, Erythrin und Xanthin, vorhanden, welche für eine Färbung und Zeichnung sorgen.

Die fast weißen Kornnattern der Zuchtform "Snow" (= Schnee) sind das Ergebnis der Kreuzung von melaninlosen Tieren mit anerythristischen (ohne roten Farbstoff) Tieren, bei denen also nur noch Xanthin (Gelb) zum Tragen kommen kann. Die Zuchtform "Candy" (Bonbon) stellt hingegen Tiere dar, bei denen durch Auswahlzucht die gelben und roten

Kornnattern mit reduziertem schwarzen Pigment werden oftmals als "Motleys" bezeichnet. Das Foto zeigt ein solches Tier im Alter von zwei Monaten.

W. P. MARA.

Zeichnungselemente betont worden sind. Anerythristische Kornnattern, die bisweilen auch als "Schwarze Albinos", so widersinnig das klingt, bezeichnet werden, sind das Ergebnis einer Mutation, welche die Erzeugung des roten Farbstoffs Erythrin verhindert oder abschwächt. Anerythristische Kornnattern haben daher die typische Kornnatter-Zeichnung, jedoch ist diese völlig schwarz. Große Alttiere mögen eine graue oder hellbraune Grundfarbe besitzen, von der sich eine schwarze Zeichnung

wenn das Gen für eine normale Färbung im Chromosomensatz vorhanden ist, da dieses stets dominant ist. Also können nur aus der Paarung zweier genetisch gleich veranlagter Tiere in der ersten Generation wieder Farbmutationen entstehen. Die Kreuzung eines Albinos mit einer normal gefärbten Kornnatter erbringt in der ersten Generation nur Jungtiere mit Normalzeichnung, welche allerdings Träger des mutierten rezessiven Gens sind. Verwendet man diese zur Weiterzucht mit anderen Tieren, kann es

JIM MERLI.

Die Zuchtform "Striped" gibt es sowohl in wildfarben als auch als Albino. Sie ist zweifellos prächtig, erfreut sich jedoch nicht der gleichen Beliebtheit wie die gefleckten Varietäten.

abhebt. Gelbliche Stellen findet man bevorzugt auf dem Kopf und an den Seiten. Diese Gelbanteile fußen auf dem Farbstoff Xanthin, dessen Produktion nicht durch Anerythrismus beeinflußt wird. Eine kräftig schwarz, hellbraun und gelb gefärbte Kornnatter ist daher immer noch ein "Schwarzer Albino".
Sowohl Amelanismus als auch Anerythrismus werden rezessiv vererbt, d.h. sie kommen nicht zum Vorschein,

in der nächsten Generation zu Überraschungen kommen. Das Verpaaren dieser Jungtiere untereinander würde im statistischen Mittel 25% Albinos erbringen. Kreuzt man diese Jungtiere mit ihrem albinotischen Elternteil, ist es sogar möglich, daß 50% der Nachkommen Albinos sind. Diese "versteckte Form einer Erbanlage" nennt man Heterozygotie, die betreffenden Tiere sind für Albinismus heterozygot. Die Grundlagen der

Portrait der Zuchtform "Creamsicle", die aus einer Kreuzung zwischen einer albinotischen Kornnatter mit einer wildfarbenen *Elaphe emoryi* entsteht.
Foto: Isabelle Francais mit Dank an Tim M. Scott

Vererbungslehre hier noch weiter zu diskutieren, würde vermutlich doch zu weit führen, weshalb wir uns auf diese Ausführungen beschränken wollen.

Teil-Albinos oder "Hypomelanistics" ähneln in ihrem Chromosomenaufbau stark den reinen Albinos und stellen vermutlich lediglich eine andere Ausdrucksform der gleichen Mutation dar. Sie haben ein Melanindefizit, welches die schwarzen Bestandteile der Zeichnung schemenhaft in blaß brauner Form in Erscheinung treten läßt. Diese Kornnattern werden als "Ghosts" (= Gespenster) bezeichnet, erfreuen sich jedoch keiner allzu großen Beliebtheit, da sie im

ren eine andere Farbmutation. Bei ihnen kommt es zu einer vermehrten Bildung von Erythrin; sie sind also hypererythristisch. Diese Erscheinung verstärkt sich mit zunehmendem Alter des betreffenden Tieres. Im Zusammenhang mit reduziertem oder fehlendem Melanin, tritt das verstärkt vorhandene Rot besonders deutlich in den Vordergrund. Gewöhnlich fehlt bei dieser Form auch die schwarze Zeichnung auf der Bauchseite.

Junge „Blood-reds" sind meistens hellrötlich und zeigen eine deutliche Zeichnung. Mit dem Älterwerden geht die Musterung dann in der Rotfärbung unter.

ISABELLE FRANCAIS.

Die Paarung zwischen einer wildfarbenen und einer albinotischen Kornnatter erbringt in der ersten Generation nur "normal" aussehende Jungtiere. Sie sind jedoch heterozygote Träger des Albino-Gens und produzieren untereinander in der nächsten Generation einige Albinos.

Vergleich mit anderen Zuchtformen nicht besonders attraktiv sind.

Die sogenannten "Creamsicles" (= Cremelutscher) sind insofern ungewöhnliche Varianten, als sie aus der Kreuzung von albinotischen Kornnattern und normal gefärbten *Elaphe emoryi* hervorgegangen sind.

Die "Blood-reds" (= Blutrot) repräsentie-

Große Zuchttiere dieser Mutation können schließlich auf Ober- und Unterseite vollständig knallrot sein und zählen sicherlich zu den aufsehenerregendsten Formen der Kornnatter. Schlechterdings beruht diese Kreation auf exzessiver Inzucht, die eine ganze Reihe negativer Auswirkungen mit sich gebracht hat. Hierunter fallen eine verminderte Fruchtbarkeit, langsames Wachstum und anatomische Anomalien. Durch Blutauffrischung mit Wildfängen versucht man derzeit, die Zuchtstämme zu stabilisieren.

Zeichnungsvarietäten

Gestreifte ("Striped") Kornnattern sind die häufigste Ausprägung von Mutationen der Zeichnung. *Elaphe guttata* hat eine natürliche Veranlagung zum Verschmelzen der dorsalen Sattel- und begleitenden Flankenflecken, die speziell im vorderen Bereich des Körpers zum Tragen kommt. Hierbei sind es besonders die spitzen Ausläufer der Sattelflecken, die sich mit denen des benachbarten Flecks vereinigen und so zunächst eine leiterartige Zeichnung schaffen, beziehungsweise im Extremfall ein Stück Streifen. Diese Erscheinung ist nicht nur bei dieser Schlange bekannt, sondern auch von vielen anderen Arten mit diesem Zeichnungstyp und ist gegenüber der Normalzeichnung rezessiv. Derartige Mutationen sind bei wildlebenden Exemplaren in aller Regel ziemlich unregelmäßig und bestehen aus verschmolzenen Flecken in Längs- wie auch in Querrichtung. "Striped" Kornnattern besitzen hingegen nur schwache Spuren von Dorsalflecken oder überhaupt keine Flecken mehr. Diese Zuchtform geht auf einen englischen Züchter zurück, der mit einem außergewöhnlich regelmäßig gestreiften Exemplar begann und den Stamm durch Auswahlzucht weiter vervollkommnete. Wie bei den zuvor besprochenen Mutationen gleicht auch hier kaum ein Tier einem anderen. Auch erforderte die Zucht ein hohes Maß an Inzucht, so daß hier ebenfalls unerwünschte Anomalien auftreten.

"Zig-zag" (Zickzack) ist eine Zuchtform auf der Basis von "Striped" und leitet ihren Namen ganz offensichtlich von einer unregelmäßigen Verbindung der ehemaligen Dorsalflecken her. Sowohl die Merkmale "Striped" als auch "Zig-zag" lassen sich auf alle möglichen Farbzuchten übertragen.

Eine weitere Zeichnungsvariation ist "Motley", bei der die Rückenzeichnung zwar vorhanden, jedoch so stark unterdrückt ist und die einzelnen Elemente teilweise miteinander verbunden sind, daß sie völlig anders gezeichnet aussieht. Außerdem hat diese Form gewöhnlich keine Bauchzeichnung. Die Zuchtform scheint mehr oder weniger undefiniert zu sein, denn es werden alle möglichen Variationen unter diesem Namen angeboten.

Anerythristische Kornnattern zeichnen sich durch ein Fehlen der roten Zeichnungselemente aus, da sie das rote Pigment Erythrin nicht synthetisieren können. Sie werden auch als "Black Albinos" gehandelt.

ISABELLE FRANCAIS.

Normalfarben

Die normal- oder wildfarbenen Kornnattern werden in diversen Zuchtstämmen gezüchtet, wobei das Augenmerk auf besonders kräftigen, klaren Farben liegt. Die sogenannten "Okeetee"-Kornnattern gehen dabei auf besonders kräftig orange gefärbte Exemplare einer Population auf dem Gelände des Okeetee Clubs im Jasper County in South Carolina zurück. Dieser Fundort war einst für seine große *E.-guttata*-Population berühmt. Heute wird dieser Name jedoch leider für die verschiedensten Färbungsvarianten verwendet, und oftmals auch für sehr düster gefärbte Tiere.

Die Zuchtform "Miami" bezeichnet Exemplare einer anderen Linie, bei welchen die rötlichen Sattelflecken in starkem Kon-

ISABELLE FRANCAIS.

Obwohl einige anerythristische Zuchtformen der Kornnatter durchaus sehr attraktiv sind, erfreuen sie sich doch kaum der gleichen Beliebtheit wie andere Varietäten.

trast zu einer gräulichen Grundfarbe stehen. Bei den Kornnattern der "Rosy Phase" und "Pink Phase" ist die schwarze Fleckung der Bauchseite stark reduziert, und sie ähneln den wildlebenden Populationen auf den Lower Keys von Florida. Die schwarzen Linien um die dorsalen Sattelflecken sind nicht mehr vorhanden, und in der allgemeinen Färbung sind rosa- bis pinkfarbene Töne vorherrschend.

"Leucistic" ist eine seltene Mutation, die durch Selektion bei der Pilotnatter *(Elaphe obsoleta)* gefördert worden ist. Es steht zu erwarten, daß sie in Zukunft auch bei der Kornnatter auftreten wird, da beide Arten unter Laborbedingungen miteinander verkreuzt werden können. Auf diese Weise könnte das entsprechende Gen übertragen werden. Leucistische Exemplare sind völlig zeichnungslos, und es gibt auch keine Stelle, wo etwas Farbe durchscheint. Stattdessen besitzen sie eine alabasterfarbene Haut mit Perlmuttglanz. Letzterer entsteht durch die sogenannten Iridophoren, Zellen in der Haut, die den Spektralbereich des auftreffenden Lichts wie ein Prisma aufspalten und reflektieren. Leucisten haben weiterhin schwarze oder zumindest braune Augen. Bei der Zucht dieser Mutation bei der Pilotnatter hat sich unglücklicherweise herausgestellt, daß die Färbungsanomalie mit einer Anomalie der Augen einhergeht, so daß Inzucht zu Tieren mit schweren gesundheitlichen Problemen führt. Dennoch steht zu erwarten, daß auch dieses Hindernis in der Zukunft überwunden werden kann und eines Tages plötzlich auch leucistische Kornnattern im Angebot sind.

Die vorangegangenen Punkte stellen lediglich die "Highlights" unter den zahllosen Varietäten dar. Es kann niemand daran zweifeln, daß die Zucht der Kornnatter im Sinne der "Haustierzucht" noch in den Anfängen steckt, und es werden noch viele Jahre und noch mehr Arbeit seitens der Züchter vergehen, bis die Zuchtstämme soweit stabilisiert und standardisiert sind, bis man sie tatsächlich mit den einzelnen Rassen des Hundes vergleichen kann. Mit jedem Nachzuchterfolg entstehen neue Mutationen, die meisten davon sind wenig aufsehenerregend, viele sind hübsch, manche sind spektakulär, und hin und wieder taucht ein Tier auf, welches eine neue Zuchtlinie begründet. Angesichts der mit die-

R. D. BARTLETT.

„Ghost"-Kornnattern sind hypomelanistische Formen mit einem Mangel an Melanin, wodurch eine schemenhafte Schwarzzeichnung entsteht. Die "Ghost"-Varietäten sind ausgefallen, erfreuen sich allerdings keiner übermäßig großen Beliebtheit.

sen Bemühungen verbundenen Aufwendungen und Schwierigkeiten ist es immer wieder verwunderlich, daß sich so viele Züchter mit solchem Engagement in diesem Feld betätigen. Für den an Zuchtformen interessierten Terrarianer hat es jedoch den angenehmen Nebeneffekt, daß Kornnattern jederzeit und in immer neuen Varietäten zu vergleichsweise niedrigen Preisen zur Verfügung stehen. Diesen Züchtern ist es auch zu verdanken, daß es kaum einen vernünftigen Grund mehr dafür gibt, freilebende *Elaphe guttata* für die Terrarienhaltung aus der Natur zu entnehmen.

Westlich des Mississippi wird *Elaphe guttata* durch die Präriekornnatter *Elaphe emoryi* ersetzt. Hier ist die Schlange ein häufig anzutreffender Bewohner von landwirtschaftlich genutzten Flächen, Flußtälern und Wasserstellen in mäßig trockenen Graslandschaften. Sie wurde bereits 1853 von BAIRD & GIRARD anhand eines Tieres aus dem Crockett County in Texas beschrieben. Aufgrund einer ganzen Reihe von Mißverständnissen wurde sie in der Folgezeit jedoch als *Elaphe laeta* geführt, und erst später stellte sich heraus, daß sich dieser Name auf ein halbwüchsiges Exemplar der Pilotnatter *(E. obsoleta)* bezog.

Diese westliche Form wurde lange Zeit als eigenständige Art betrachtet, in den frühen fünfziger Jahren dann jedoch *E. guttata* als Unterart zugeordnet. Erst ein intensiveres Studium an der Ostgrenze ihrer Verbreitung in Louisiana und Arkansas zeigte schließlich, daß es nur eine geringe Tendenz zu Übergangsmerkmalen mit *E. guttata* gibt. Aus diesem Grunde sind einige amerikanische Herpetologen heute der Ansicht, daß *E. emoryi* Artstatus gebührt. Diese Auffassung wird auch an dieser Stelle geteilt. Es kann nur wenig Zweifel daran geben, daß die Präriekornnatter oder eine ihr äußerst ähnliche Form der Vorfahr der heute lebenden *E. guttata* war. Vermutlich noch vor zwei Millionen Jahren bewohnte diese Ursprungsform große Teile des heutigen Südens und Westens der USA und die nördlichen Teile Mexikos. Durch die verschiedenen Eis- und Zwischeneiszeiten und den damit einhergehenden Veränderungen im riesigen Tal des Mississippi wurden die östlichen Populationen irgendwann von ihren westlichen Verwandten räumlich getrennt. Die nun fehlende Möglichkeit zum Genaustausch sorgte für eine separate Weiterentwicklung der Schlangen östlich und westlich des Mississippi; ein Phänomen, das man als Unterart- oder Artbildung bezeichnet. Die östlichen Populationen entwickelten kräftiger rote, orange oder mahagonibraune Farben und wurden im Laufe der Zeit zu dem, was wir heute als *Elaphe guttata* bezeichnen. Hinsichtlich ihrer Beschuppungsmerkmale gibt es zwar erst wenige Unterschiede zwischen *E. guttata* und *E. emoryi*, jedoch ist beiden Formen eine graduelle Variation innerhalb ihrer jeweiligen Verbreitungsgebiete eigen.

Einige *E. guttata*, insbesondere solche in den südlichen Appalachen und aus Populationen im Westen von Florida sind deutlich brauner als die rötlichen Tiere aus den Küstenbereichen. Sie ähneln damit auf den ersten Blick *E. emoryi*, jedoch scheint es sich hierbei eher um sporadisch auftretende Abberationen als um das Ergebnis eines steten Genaustauschs mit *E. emoryi* zu handeln. Beide Formen zeigen innerhalb ihrer Verbreitung deutliche Unterschiede in Beschilderungs- und Färbungsmerkmalen, was

Die Präriekornnatter *Elaphe emoryi* ersetzt *Elaphe guttata* westlich des Mississippi und ist der Wissenschaft bereits seit 1853 bekannt.

ISABELLE FRANCAIS.

Anzeichen dafür sind, daß sich beide Arten weiter auseinanderentwickeln und zunehmend entfremden.

Beschreibung

In ihren morphologischen Merkmalen sind *E. emoryi* und *E. guttata* kaum voneinander zu unterscheiden. Die Anzahl der Dorsalschuppenreihen beträgt gewöhnlich 25-27-19 mit einer Tendenz zu 25-29-21 in den südlichen Bereichen der Verbreitung, wie in weiten Teilen von Texas. Man zählt auch hier 8 Supralabialia (Oberlippenschilder) in großer Konstanz, gewöhnlich jedoch 12 bis 14, sehr selten nur 11 Sublabialia (Unterlippenschilder). Das letztgenannte Merkmal ist gleichzeitig die beinahe einzige verläßliche Möglichkeit, *E. guttata* und *E. emoryi* morphognostisch zu separieren, denn fast jedes Exemplar von *E. guttata* besitzt nur 11 Sublabialia. Die Anzahl der Ventralia (Bauchschuppen) schwankt bei *E. emoryi* zwischen 203 bis 215 im Nordwesten der Gesamtverbreitung und 230 oder mehr in Texas. Über die mexikanischen Populationen gibt es bemerkenswert wenige Informationen. Die Subcaudaliawerte variieren in gleicher Weise, nämlich zwischen nur 63 im Nordwesten und 78 im Süden. Die Schuppen sind nahezu glatt, lediglich eine bis maximal acht Reihen auf der Rückenmitte sind gekielt. Jungtiere können keinerlei gekielte Dorsalia aufweisen.

Die Färbung besteht aus olivbraunen Sattel- und Flankenflecken auf aschgrauem Grund. Die Rückenflecken besitzen feine, aber dennoch deutliche schwarzbraune Ränder, die bei Alttieren klarer ausgeprägt sind als bei Jungtieren. Die Sattelflecken können an ihren Ecken verschmälert sein. Sie nehmen 2 bis 5 Schuppenreihen in der Länge ein, seltener 6 oder gar 7 und sind im Nordwesten der Verbreitung gewöhnlich schmaler als im Süden. Sie setzen sich auf dem Schwanz fort. Wie viele andere Merkmale auch schwankt die Anzahl der Sattel in Nordwest-Südost-Richtung, wobei Tiere aus dem Nordwesten mehr, nämlich 45 bis 50 schmale zwischen Kopf und Schwanzansatz, und solche aus dem Süden weniger, d.h. 29 bis 40, dafür aber breitere Flecken aufweisen. Die mittlere Fleckenreihe wird beidseitig von einer weiteren Reihe kleinerer Flankenflecken alternierend begleitet. Oftmals erkennt man noch eine Reihe undeutlicher, unregelmäßiger Fleckchen nahe dem Übergang zwischen Flanke und Unterseite. Exemplare aus dem

Innerhalb ihres riesigen Verbreitungsgebietes zeigt *Elaphe emoryi* eine beträchtliche Variationsbreite hinsichtlich Beschuppung und Zeichnung. Wenngleich dies Anlaß zur Beschreibung einiger Unterarten war, wird derzeit keine davon anerkannt.

ISABELLE FRANCAIS.

Die morphologischen Unterschiede zwischen *Elaphe guttata* und *E. emoryi* sind minimal, jedoch scheint festzustehen, daß sich beide in einem getrennt ablaufenden Prozeß der Spezifizierung befinden.

JOHN IVERSON.

Nordwesten sind gewöhnlich auch kleiner als solche aus dem Süden und bisweilen so dunkel, daß es schwerfällt, überhaupt Sattelflecken zu zählen. Wenngleich sich die Intensität der Braun- und Grautöne mit dem Alter des betreffenden Tieres verändert, d.h. sie sind bei jungen Exemplaren heller und kontrastreicher als bei Alttieren, so findet man doch nie mehr als einen leichten rosafarbenen Hauch auf den unteren Bereichen der Flanken; die Farben Rot und Orange sucht man bei dieser Art vergebens. Die Zeichnung des Kopfes und des Nackens entspricht der von *E. guttata.* Auch hier besitzt der erste dorsale Sattelfleck zwei nach vorne gerichtete Ausläufer, die sich auf der Kopfmitte zwischen den Augen zur einer pfeilspitzenartigen Struktur vereinigen. Ein breites Band zieht sich über die Schnauzenpartie durch die Augen und über die Mundwinkel auf die Halsunterseite. Wie die Rückenzeichnung sind diese Elemente braun mit schwarzen Einfassungen. Die Körperunterseite ist weiß mit einem undeutlichen rosafarbenen Anflug auf den hinteren Ventraliarändern. Die helle Färbung wird durch quadratische schwarze Flecken aufgelockert, die bläulich schimmern. Diese Flecken sind auf jeder Ventralschuppe paarig und verdichten sich auf der Schwanzunterseite zu regelmäßigen schmalen schwarzen Linien.

Varietäten

Es gibt nur wenige Berichte über in der Natur auftretende Farbvarietäten der Präriekornnatter. Wohl kennt man natürliche Albinos, und wiederholt wird von schwach gestreiften Exemplaren gesprochen. Allerdings scheint weder ein Foto noch eine wirklich aussagekräftige Beschreibung eines solchen Tieres zu existieren. Im Süden von Texas treten gelegentlich *E. emoryi* auf, bei denen die mediane Reihe von Sattelflecken mittig unterbrochen ist und die somit eine Vorstufe zu einer Streifenzeichnung darstellen.

Wie man den vorangegangenen Ausführungen entnehmen kann, besteht eine mit der geographischen Verbreitung gekoppelte Variationsbreite. Eine Zeitlang erkannte man sogar eine Unterart an - *Elaphe emoryi intermontana,* die WOODBURY & WOODBURY 1942 beschrieben hattet. Es handelte sich dabei um eine seltsame Population im zentralen und östlichen Utah und angrenzenden Gebieten in Colorado. Die betreffenden Tiere zeichnen sich durch durchschnittlich 69 Sattelflecken auf

Körper und Schwanz aus, die jeweils nur 2 bis 4 Schuppenreihen lang sind. Weiterhin zählt man im Mittel 209 Ventralia und 67 Subcaudalia, d.h. 276 Schilder auf der gesamten Unterseite. Dies würde diese Form von den typischen Tieren in Texas mit weniger Sattelflecken auf Körper und Schwanz (im Durchschnitt 50 von 3 bis 5, manchmal auch 6 Schuppenreihen Breite) und durchschnittlich 295 Schildern (223 Ventralia plus 73 Subcaudalia) auf der gesamten Unterseite differenzieren.

Alle zuvorgenannten Werte und Merkmale scheinen in einem schwer zu durchschauenden geographischen Muster vorzuliegen. Beispielsweise sind Exemplare aus Kansas und dem äußersten Westen von Texas in jeder Hinsicht intermediär. Wenngleich die Unterart *intermontana* daher inzwischen mit *emoryi* synonymisiert worden ist, gibt es immer noch Herpetologen, die an der Gültigkeit dieses Taxons festhalten. Zumindest die Utah-Colorado-Population läßt sich schließlich aufgrund von deutlich erkennbaren Farb- und Zeichnungsmerkmalen als solche identifizieren.

Während das Manuskript zu diesem Buch entstand, waren der amerikanische Herpetologe Dr. Hobart M. Smith und drei seiner Kollegen mit einer Neubewertung der Variationsbreite der Präriekornnatter befaßt. Sie kamen zu einem völlig anderen Schluß als vorangegangene Untersuchungen, nämlich daß die Variation zwei separate Unterarten repräsentiert. Die eine davon zeichnet sich durch eine geringe Anzahl dorsaler Sattelflecken aus (44,5 oder weniger), die andere durch einen hohen Wert (45 oder mehr). Die Form mit den niedrigen Werten bewohnt dabei den Teil der Gesamtverbreitung zwischen Arkansas, Ost-Texas und Mexiko; sie wurde *meahllmorum* genannt. Die Unterart mit mehr

Auch dieses ungewöhnlich hell gefärbte Exemplar der Präriekornnatter läßt noch deutlich die pfeilspitzenartige Zeichnung und die schrägverlaufende Augenbinde auf dem Kopf erkennen.

R.D. BARTLETT.

ISABELLE FRANCAIS.

In seltenen Fällen kann das Merkmal der Pfeilspitzenzeichnung aufgebrochen sein und den weniger erfahrenen Pfleger verunsichern. Die vorhandenen Zeichnungselemente zeigen jedoch, daß es sich trotzdem um eine *Elaphe emoryi* handelt.

als 45 Sattelflecken ist in weiten Bereichen von Kansas, Oklahoma und New Mexico sowie im zentralen und westlichen Texas verbreitet und schließt die Utah-Colorado Population ein. Andererseits betrachten SMITH und seine Kollegen *E. emoryi* nach wie vor als Unterart von *Elaphe guttata* und argumentieren, daß die Färbungsunterschiede nicht für eine Trennung auf Artniveau ausreichen. Sie unterstützen ihre Ansicht mit der Auffassung der Louisiana-Populationen als Übergangsform zwischen *guttata* und *emoryi*. Dieser Standpunkt wird sicherlich in der näheren Zukunft zu Diskussionen führen, da er auf unterschiedlich interpretierbaren Fakten beruht. Persönlich sieht der Verfasser derzeit weder einen Grund darin, *emoryi* als Unterart von *guttata* aufzufassen, noch die südlichen *meahllmorum* und

nördlichen *emoryi* als Unterarten zu trennen. Er betrachtet daher *emoryi* nach wie vor als monotypische Art (eine Art ohne Unterarten), bei welcher sich allenfalls noch die Form *intermontana* als gültig herausstellen könnte.

Größe

Wie ihre östliche Verwandte ist auch die Präriekornnatter eine eher kleine Schlange, deren Alttiere im Mittel 60 bis 105 cm lang werden. Selten überschreitet ein Exemplar 120 cm, und der Rekord scheint derzeit bei etwas über 150 cm zu liegen. Die Männchen bleiben dabei ein wenig hinter den Weibchen zurück und haben einen etwas längeren Schwanz.

Verbreitung

Die Präriekornnatter ist zwischen der Südhälfte von Missouri und dem größ-

ISABELLE FRANCAIS.

Auch die Präriekornnatter ist gewöhnlich relativ friedfertig. Dessen ungeachtet sollte man mit jeder Schlange rücksichtsvoll umgehen und sie durch Auflegen der Hand vor dem Hochnehmen beruhigen.

ten Teil von Kansas südwärts im fast gesamten Texas häufig. Am Westrand der Verbreitung im östlichen New Mexico und südöstlichen Colorado tritt sie weit weniger oft in Erscheinung und scheint auf Einzelvorkommen beschränkt zu sein, die gerade noch über die Nordgrenze von Nebraska vordringen. Nur an der nordöstlichen Verbreitungsgrenze überschreitet die Art den Mississippi und bewohnt einen nur einige Kilometer breiten Streifen in Illinois. Die Südausdehnung reicht bis weit in die mexikanischen Bundesstaaten Coahuila und San Luis Potosi hinein. Die Verbreitung innerhalb Mexikos ist schlecht erforscht, und es gibt Anzeichen dafür, daß die Schlange in den trockeneren Gebieten völlig fehlt. Auch im Westen der Verbreitung in den USA kann sie auf feuchtere Flußniederungen und Wasserstellen beschränkt sein, denn es handelt sich um keine an wirklich aride Gegenden angepaßte Art.

Wie zuvor bereits erwähnt, gibt es im östlich-zentralen Utah und angrenzenden Colorado eine isolierte Population, die vermutlich als Reliktvorkommen aus einer Zeit zu deuten ist, wo die "Great Plains" während einer der Zwischeneiszeiten noch einen deutlich feuchteren Lebensraum boten. Der Westen der Vereinigten Staaten ist bekanntermaßen heute erheblich trockener als noch vor ein paar Tausend Jahren, und die heute relevanten Verbreitungsmuster beruhen auf dem erst in jüngerer Zeit erfolgten Verschwinden von Arten in Gebieten, die für sie zu trocken geworden sind.

Elaphe emoryi ist selten in den trockenen welligen Kieferlandschaften des zentralen Louisianas, östlichen Texas und südlichen Arkansas anzutreffen. Man nahm einmal an, daß die Exemplare dieser Gegend eine Übergangsform zwischen *emoryi* und *guttata* darstellen würden. Vermehrte Sammeltätigkeit hat jedoch gezeigt, daß weitaus kleinere Lücken zwischen den Populationen bestehen als ursprünglich angenommen und daß die Schlange im gesamten Texas bis zum zentralen Louisiana und dem angrenzenden Arkansas ziemlich weit verbreitet ist. Wenn das wirklich zutrifft, ist *E. emoryi* von *E. guttata* durch das breite Band von Sumpf und Morast getrennt, die das Westufer des Mississippi bilden. Hinsichtlich Färbung und Beschuppungswerten einschließlich der Sublabialia stimmen Exemplare aus Zentral-Louisiana mit den weiter westlich verbreiteten überein. Im betreffenden Gebiet arbeitende Herpetologen sind daher der Auffassung, daß es hier zwischen den nahe verwandten und oberflächlich ähnlichen Arten keinen fließenden Übergang gibt.

Lebensweise

Obwohl es sich um eine häufige und weit verbreitete Schlange handelt, ist über ihre Ökologie in der Natur nur relativ wenig bekannt. Dies mag mit ihrer überwiegenden Nachtaktivität während des größten Teils des Jahres zu tun haben, wo sie gewöhnlich nur dem auffällt, der gezielt nach ihr sucht. Daß es sich nicht um einen Bewohner dichter Wälder handelt, ist ziemlich sicher, denn den meisten Exemplaren begegnet man in offenen Landschaftstypen, wie an den Ufern von Flüssen und Bächen, in Baumwollanpflanzungen, Kornfeldern, Graslandschaften der verschiedensten Arten und Canyons sowie Höhlen in trockeneren Landstrichen. Die meiste Zeit des Tages verbringt die Schlange unter Felsen oder Baumstämmen sowie in Nagetierbauten verborgen. Obwohl es sich

um einen geschickten Kletterer mit brotlaibartig geformtem Körper und scharf abgewinkelten Bauchschuppen handelt, sieht man sie gewöhnlich auf dem Boden, wo sie aktiv nach Beute oder einem Fortpflanzungspartner umherstreift.

Die Nahrung besteht aus geeignet kleinen Nagern oder anderen Säugetieren wie Fledermäusen, denen die Schlangen in Höhlen nachstellen. Weiterhin stehen nestjunge Vögel auf ihrem Speiseplan. Die Beute wird durch Umschlingen erdrosselt. Von Jungtieren weiß man, daß sie sowohl auf Baumfrösche als auch auf kleine Echsen Jagd machen, jedoch ist dies vermutlich keine Spezialisierung, sondern eine Sache der Verfügbarkeit von Futter der geeigneten Größe.

Der hauptsächliche Feind ist heute der Mensch, der Koyoten, Waschbären, Greifvögeln und schlangenfressenden Schlangen längst den Rang abgelaufen hat. Zwar wird die Präriekornnatter als effektiver Ratten- und Mäusevertilger auf Farmen geschätzt, jedoch gibt es immer noch viel zu viele Menschen die alles für eine mordlustige Klapperschlange halten, was keine Beine hat. Unkenntnis oder Ignoranz und Sensationsmache gehen dabei soweit, daß die auf diese Weise erlegten, ach so gefährlichen Nattern an Tankstellen und Raststätten öffentlich zur Schau gestellt werden, wo sie den

Diese *Elaphe emoryi* stammt aus einer Population in Kansas. Die Art besiedelt große Teile der zentralen und westlichen USA und kommt auch in Mexiko vor.

JOHN IVERSON.

Vorbeikommenden belehren sollen, daß es genau das ist, was man machen muß, wenn man einer solchen Bestie zufällig begegnet. Dabei haben Klapperschlangen und Präriekornnattern nicht einmal annähernd eine vergleichbare Körpergestalt. Wie andere Kletternattern vibriert *E. emoryi* allerdings auch mit dem Schwanz, wenn sie sich in die Enge getrieben fühlt. Befindet sie sich dabei in trockenem Laub, entsteht natürlich

Mexico und Oklahoma werden zahlreiche Exemplare hauptsächlich für den lukrativen US-Tierhandel weggefangen. Erst in jüngerer Zeit tauchen neben Wildfängen auch Terrariennachzuchten auf dem Markt auf. In Deutschland werden Nachzuchttiere in Terrarianerkreisen regelmäßig angeboten.

Die Präriekornnatter verläßt etwa Ende März oder Anfang April ihr Winterquartier, in welches sie sich im vorangegan-

ISABELLE FRANCAIS.

Die Präriekornnatter ist ein Bewohner offener Landschaften und wird häufig an den Ufern von Flüssen und Bächen, auf landwirtschaftlich genutzten Flächen, in Grasland, Schluchten und Höhlen gefunden. Sie ist hauptsächlich nachts aktiv.

ein raschelndes Geräusch. Ein vernünftig denkender Zeitgenosse sollte sich dann von dieser Stelle entfernen und nicht versuchen, den Furchtlosen zu spielen.

Eine weitaus größere Gefahr für die Bestände stellen die asphaltierten Straßen dar, die tagsüber aufgeheizt, nachts eine hohe Anziehungskraft auf alle nachtaktiven wechselwarmen Lebewesen und zum Teil auch auf deren bevorzugte Beute ausüben. Glücklicherweise ist ein großer Teil der Gesamtverbreitung von *E. emoryi* nur recht dünn mit nur wenigen Autobahnen und geteerten Nebenstraßen durchzogen. In New

genen September oder Oktober zur Winterruhe zurückgezogen hatte; der Zeitpunkt hängt dabei offensichtlich von der Strenge des jeweiligen Winters in der betreffenden Gegend ab. Bereits mehrfach konnte die Art in Gemeinschaftsunterschlüpfen zusammen mit anderen Schlangenarten gefunden werden. Das Fortpflanzungsverhalten unterscheidet sich nicht von dem bei *E. guttata*, d.h. es findet auch hier kein Festhalten des Weibchens durch einen Nacken- oder Rückenbiß statt. Eine Kopulation dauert ebenfalls etwa 15 bis 30 Minuten. In der Natur werden die Eier im Juni oder Juli abgelegt, wobei ein Gelege aus nur vier oder fünf oder auch aus 20 bis 30 Eiern bestehen kann. Die Eier sind groß, gewöhnlich größer als bei *E. guttata*, und messen bei der Ablage üblicherweise zwischen 50 und 66 mm in der Länge. Wie bei ihrer östlichen Verwandten können sie sowohl langgestreckt als auch breitoval sein und kristalline Einschlüsse in der cremeweißen ledrigen Schale aufweisen. Nach einer Inkubationsdauer von ungefähr 70 bis 80 Tagen an einer relativ feuchten Stelle tauchen die Jungtiere gewöhnlich im September auf. Sie messen beim Schlupf zwischen 25 und 35 cm, wobei in der Natur angetroffene Schlüpflinge meistens um die 35 cm lang sind. Sie wachsen schnell, und eine Beobachtung ergab, daß ein beim Schlupf 24 cm großes Jungtier nach knapp 14 Monaten bereits 74 cm erreicht hatte. Ein einäugiges Exemplar lebte 21 Jahre und 2 Monate in diversen Zoos, nachdem es bereits als geschlechtsreifes Tier von schätzungsweise drei Jahren in der Natur gefangen worden war. Unter guten Haltungsbedingungen kann man also mit einer Lebenserwartung von wenigstens 12 bis 15 Jahren rechnen.

Terrarienhaltung und -vermehrung

Abgesehen von der etwas verkürzten jährlichen Aktivitätsphase und demzufolge dem Ausbleiben eines zweiten Geleges, entspricht die Haltung von *E. emoryi* völlig der von *E. guttata*. Sie wird allerdings weit weniger häufig im Terrarium gepflegt als letztere, denn sie ist von Natur aus weniger farbenprächtig. Auch die professionellen Züchter befassen sich mit dieser Schlange allenfalls am Rande, denn die Absatzchancen sind offensichtlich viel geringer. Andererseits ist die Präriekornnatter gleichermaßen anpassungsfähig, einfach zu ernähren und als Terrariennachzucht ebenso friedfertig. Es hat den Anschein, als ob sich *emoryi*-Männchen nicht unbedingt freiwillig mit Weibchen von *E. guttata* paaren. Demzufolge sind Kreuzungsprodukte selten. Andererseits hat es sich gezeigt, daß sich hieraus entstandene Embryos ganz normal entwickeln. Bei der Terrarienzucht finden Mutationen nur in sehr geringem

Maße statt, was für die genetische Stabilität dieser mutmaßlich ursprünglicheren Form spräche. Möglicherweise liegt es jedoch auch nur einfach daran, daß viel weniger Nachzuchten erfolgen. Das Interesse der meisten Züchter an *E. emoryi* beschränkt sich auf deren Verwendung zur Erzeugung der bonbonfarbenen "Creamsicle"- Kornnatter. Diese entsteht aus der Kreuzung einer normalgefärbten *E. emoryi* mit einer albinotischen Kornnatter. Die Prärieform bringt dabei keine Orangetöne mit ein, so daß ein Albino mit blaß orangefarbenen Sattelflecken auf weißem, leicht orange angehauchten Grund entsteht. Wie bei anderen Albinostämmen auch sind dabei die Jungtiere innerhalb eines Geleges sehr variabel. Die Kreuzung ist in ihren genetischen Eigenschaften mit "normalen" Albinos der Kornnatter vergleichbar, d.h. eine normalfarbene (AA) *E. emoryi*, die mit einer albinotischen (aa) Kornnatter verpaart wird, erbringt in der ersten Generation äußerlich normal aussehende *E. emoryi*, die jedoch für Albinismus heterozygot (Aa) sind. Kreuzt man diese Tiere nun untereinander, erhält man im statistischen Mittel 25% "Creamsicles", 50% Heterozygote und 25% Normale in deren Nachwuchs. Da es sich jedoch um Hybriden handelt, ist eine Voraussage der tatsächlichen Ergebnisse bei jedem Schritt der Kreuzung unmöglich.

Eine Schwierigkeit dabei ist - wie einleitend gesagt - daß sich *E. emoryi* und Kornnattern nicht immer paaren. Ein Trick liegt darin, jeweils ein Pärchen der vorgesehenen Kreuzungspartner zusammenzusetzen und sich im Vorspiel ergehen zu lassen. Kurz bevor es jedoch zur Kopulation kommt, werden dann die Weibchen ausgetauscht. In vielen Fällen wird das jeweilige Männchen dann mit seinen Kopulationsversuchen fortfahren und nur durch ein übermäßig aggressiv reagierendes Weibchen von seinen Absichten abzubringen sein. Hierbei scheint eine Kombination von einem großen Weibchen mit einem kleinen Männchen am erfolgversprechendsten zu sein. Das artgleiche Weibchen muß allerdings nach dem Austauschen aus dem visuell und geruchlich erfaßbaren Bereich des Männchens entfernt werden, da es den Schwindel ansonsten durchschaut.

Das Gesagte gilt sinngemäß auch für alle anderen Kreuzungsversuche zwischen Kornnattern und anderen Kletter-, Königs-, Dreiecks- und Bullennattern. Sollte man damit tatsächlich einmal Erfolg haben, ist beim Abgeben von diesen Jungtieren daran zu denken, daß die nun erheblich verfälschten Chromosomensätze den Zuchtstamm eines anderen Züchters völlig verderben können. Ein Verschweigen der Hybridisierung einem Käufer gegenüber wäre daher nur als böswillig zu bezeichnen.

Die Kornnatter wird auch in Zukunft noch Generationen von experimentellen

SCHLUSSWORT

Züchtern und Liebhabern von ungewöhnlichen "Haustieren" in Atem halten. Viel Arbeit steht noch bevor, um Zuchtstämme zu stabilisieren und Merkmale zu verfeinern oder neue zu entwickeln. Der Kult um die Kornnatter mag vielleicht nicht jedermanns Geschmack sein, jedoch wird jeder Terrarianer zumindest interessiert zur Kenntnis nehmen, was bei der Zucht von Reptilien alles möglich ist. Letztlich könnten die dabei gesammelten Erkenntnisse auch seinen Tieren eines Tages zugute kommen.

Wenngleich die Präriekornnatter bei weitem nicht den terraristischen Beliebtheitsgrad der Kornnatter erreichen konnte, stellt sie doch einen wichtigen Kreuzungspartner für verschiedene Varietäten dar. Dieses Tier hat offensichtlich ebenfalls eine *E. emoryi* in seiner Ahnenreihe.

PATRICK H. BRIGGS.

W. P. MARA.

Ein frisch geschlüpftes Exemplar der bonbonfarbenen Varietät "Creamsicle", dem Ergebnis aus einer Kreuzung einer wildfarbenen *Elaphe emoryi* mit einer albinotischen Kornnatter.

EMPFOHLENE LITERATUR

HOLTZMAN, D.A., G.R. TEN EYCK & D. BEGUN (1989): Artificial Hibernation of Garter *(Thamnophis sp.)* and Corn *(Elaphe guttata guttata)* Snakes - Herp. Rev., Athens (Oh), 20 (3): 67 - 69

NEUMANN, L. (1990): Kannibalismus bei *Elaphe guttata - elaphe,* Kulturb. DDR, Berlin, 12 (1): 9 - 10

SCHEIDT, V. (1988): Celebration of the American Corn Snake *Elaphe guttata,* a photographic Essay - The Vivarium, Lakeside, 1 (2): 27 - 30

SCHNITZLER, R. (1990): *Elaphe guttata* (LINNAEUS 1766) - SAURIA, Berlin, Suppl. 12 (1-4): 161 - 168

STASZKO, R. & J.G. WALLS (1995): Das große Buch der Kletternattern - Ruhmannsfelden (bede Verlag.), 191 S.

TRUTNAU, L. (1985): Erfahrungen mit der Kornnatter *Elaphe guttata* (LINNAEUS, 1766) - herpetofauna, Weinstadt, 7 (38): 6 - 10

WALLS, J.G. (1995): Kletternattern im Terrarium - Ruhmannsfelden (bede Verlag.), 63 S.

WELZEL, A. (1981): Durch Nachzucht erhalten: Kornnatter - Aquar. Mag., Stuttgart, 1981 (3): 255 - 259

Terrarienkundliche Vereinigung und Zeitschriften in Deutschland
Deutsche Gesellschaft für Herpetologie und Terrarienkunde (DGHT) e.V.
Postfach 1421, Locher Str. 18, 53351 Rheinbach, Tel. 02255/6086
Die DGHT ist mit über 6000 Mitgliedern die größte terrarienkundliche Vereinigung der
Welt. Mitglieder erhalten die Zeitschriften „SALAMANDRA" und „elaphe". Außerdem
erscheint vierteljährlich das „Anzeigen Journal" - hier können Mitglieder Tiere suchen
oder abgeben. Die Anzeigen sind kostenlos. In vielen Städten treffen sich monatlich Regio-
nalgruppen. Weitere Angebote: Kopien- und Beratungsservice, Tagungen.
Weitere deutschsprachige Zeitschriften:
„herpetofauna": herpetofauna-Verlags GmbH, Postfach 1110, 71365 Weinstadt
„SAURIA": Terrariengemeinschaft Berlin e.V., Barbara Buhle, Planetenstr. 45, 12057 Berlin